奇譚百物語
拾骨

丸山政也

竹書房文庫

目次

一、骨上げ

Iさんという主婦の方から聞いた話である。

二十年前、当時大学生だった従兄弟《いとこ》のDくんが自殺したという。

三つ年上で、頻繁に行き来するような仲ではなかったが、葬儀の後、骨上げに出席することになった。

火葬場で係員に案内された場所で待っていると、焼き崩れた骨が台に乗って出てきた。

見るまでは不安でたまらなかったが、実際眼にしてみると、けっして怖いものではなく、むしろ、人間の行きつく先なのだ、という諦念《ていねん》のような気持ちを抱いた。

指示に従い、足の骨からふたり一組で順々に骨壷に収めていく。

Iさんもやり終えると、ようやく心に余裕が出てきて、顔を上げることができた。

すると、見たことのない顔が伯父夫婦の横に立っている。

若い男だった。

亡くなったDくんには兄弟がなかったから、誰なのだろうと思った。

やがて親類たちに続き伯父と伯母が一緒にお骨を収めたところで、

「最後はG君に入れてもらいたくてね。親友の君にやってもらえたら、あいつも喜ぶだろう」

そう伯父がいった。

係員が最後に入れる骨を指しながら、これは喉仏です、と説明した。

一般的に喉仏と呼ばれるものは、実際は軟骨であるため、綺麗に焼けてなくなってしまうが、これは尻から首へと繋がる背骨の第二頚椎の一部とのことだった。突起している部分を頭と見立てると、仏が合掌しているように見えるからだという。

G君と呼ばれた若い男は、神妙な面持ちで箸を持ち直し、喉仏を摘もうとしたが、緊張しているのか、二度三度、骨上げ台のうえに落としてしまった。

すると、ころころころころ、と、まるで意思でもあるかのように、台のうえを喉仏が転がり始める。

見えない糸かなにかで操っているようにありえない動き方をするので、その場にいた者たちは皆、唖然としてしまった。

G君も呆然と佇んでいたが、そのとき伯父が、堪忍なッ、とひと声叫んで、素手で喉仏を摘みあげるや、骨壷の一番うえに乗せた。

後日、従兄弟の自殺の理由は、恋愛のもつれであるのがわかったそうだが、親友だったはずのG君が、それに深く関わっていたことが判明したそうである。

二、花束

Jさんは通勤で通る一方通行の細い道路の電柱に、ずっと以前から花束が供えられているのが気になっていた。

そこで誰か亡くなっているのだろう。小学校の通学路にもなっているから、子どもかもしれない。

その傍で花束を手にした中年女性の後ろ姿を数度見かけたことがあったので、被害者が子どもだとしたら、きっと母親なのだろうと思っていた。

そんなある日、残業で帰りが深夜になってしまったJさんがその道を歩いていると、電柱の前に中年女性が屈んで手を合わせているのが見えた。

こんな時間に、と思ったそのとき、彼の背後から轟音《ごうおん》を響かせながら、一台の大型トラックが近づいてくる。

細い道でずいぶん無茶をするな、と思わず道路の端に寄ったJさんに、危うくぶつかりそうになりながらトラックは通り過ぎていった。安心したのもつかの間、前方にいる屈んだ女性目掛けてトラックは走っていく。

見えていないのか、ドライバーは避ける気配がなく、女性のほうも気づいていないようで、同じ体勢のままでいる。このまま進めば間違いなくぶつかってしまう。

あと十メートル、五メートル——。

「あっ、危ないッ」

そう口走った直後、彼は信じられないものを見た。

もろに轢かれたと思ったのに、なにごともなかったかのように、女性は屈みながら手を合わせ続けている。

なんだか気味が悪いので、その脇をJさんはそそくさと家路に急いだ。

それからも度々女性を見かけたが、転勤で引っ越すまで顔は一度も見たことがなかったそうである。

三、蹄

二十年ほど前、会社員のMさんがひとりでイギリス旅行をした際、拠点としていたロンドンを離れて、イングランド南東部のカンタベリーへ赴いたという。

そこで車を借りて田舎町を巡ってみようと思ったのだった。

レンタカー店で運転しやすそうな手ごろなものを借りると、旅の目的地のひとつであるカンタベリー大聖堂に向かった。

イギリス国教会の総本山とあって、その巨大で荘厳な外観にMさんは圧倒された。一歩なかに入ると、否応なく歴史の古さを感じさせられ、本物のステンドガラスの美しさに魅了された。

教会を出ると、ブラック&ホワイトと呼ばれる白壁と黒木で構成されたチューダー様式の古い家並みや運河など、長閑な風景を愉しみながら旧市街地を走った。

田舎町を満喫し、車を返しに戻ると、レンタカー店の店員が、すぐに車をチェックし始めた。

普通に走っただけなので、特に問題ないだろうと思っていると、ボンネットに顔を近づけてひとしきり観察している。すると今度は、運転席のドアを開けて、靴のままシートのうえに立ち、ルーフを見ている。

なぜそんなところをチェックするのだろうと思ったら、

「さては、リトルボーン・ロードを通りましたね」

と、そんなことをいう。

道の名前をいわれてもわからないので地図を見せてもらうと、たしかに通った道路だった。

ええ通りましたね、と答えると、やはりという顔をして、

「ボンネットとルーフに馬の蹄《ひづめ》の痕《あと》が付いているんですよ」

そんなはずはないので、そのようなことはありませんでしたが、と答えると、

「ええ、もちろんですとも。本物の——つまり、生きた馬という意味ではありません。その道路には幽霊馬が現れるといわれているのです。蹄の痕といっても、うっすらしたもので、傷になっているわけではありませんから大丈夫ですよ。一応確認してみただけですから、どうかご安心ください」

にこやかに店員は、そういったそうである。

四、噂

E子さんが高校一年生の登校時のこと。

駅の改札を出たところで、前を歩く五歳ほどの男児が手を繋いだ母親に、

「せんせい、あけがたにくびつったんだって」

そう話しているのを聞いた。

母親はなんのことかわからない様子で、困惑した表情を浮かべている。

学校に着くと、副担任の若い男性教師が、その日の早朝に自殺したという噂が流れており、翌日、事実であることがわかったそうである。

五、相似

三年ほど前、会社員のHさんが部屋でテレビを観ていると、外の幹線道路から凄まじい音が聞こえてきた。

すわ事故か、とすぐにベランダから外を見ると、中型バイクが転倒し、運転手らしき男がマンションの二軒隣のビルの前で、うつ伏せになったまま微動だにしない。

大丈夫だろうか、と思った刹那、その光景に妙な既視感をおぼえた。

引っ越してまもない頃、そのビルの屋上から飛び降りた女性の倒れていた場所と姿が、そっくりそのまま同じであることを思い出したという。

六、水路

数ヶ月前、主婦のM美さんは江戸時代に建てられたある城郭の水路遺構の見学会に参加したという。

城の外堀と総堀を繋ぐ水路の遺構だったが、民家跡から掘り起こされたそれは、粗《あら》く石組みがされており、現在のもののように綺麗な直線ではなく、畝々《うねうね》と蛇行していて往時を偲ばせるものだった。

担当者によると、築城から昭和の初め頃まで使われたらしく、江戸期においては、一帯にあった武家屋敷の生活排水や雨水を流していたようだ、とのことだった。

こんな溝《どぶ》のようなものでも生活に根ざしていたのだな、とM美さんは興味深く聞き入っていると、水路の端のほうから、こちらに向かってなにかが流れてくる。

もちろん水は枯れているので、物が流れてくるはずはない。いったいなんだろうと首を伸ばした瞬間、彼女は心臓を掴まれたように身震いした。

嬰児《えいじ》だった。

眼もまだ開かないような裸の赤子が、小さな手足をくの字に曲げながら、枯れた水路をゆっくりと流れてくる。眼の前を通り過ぎると、十メートルほどいった先で、忽然と赤子の姿は消えた。

あまりのことに言葉を失っていると、背後にいた八十代と思しき老人が、

「そりゃあ三百年も使われていたんだから、いろんなもんが流れとったわな」

と、そう呟いたという。

七、特徴のない顔

十三年前、主婦のU美さんがドラマを観ていると、いきなり画面が波打ち始めたので、テレビが壊れてしまったのかと思ったら、突然、見知らぬ女の顔がフレームいっぱいに大映しになった。

女は二十代のようにも四十代のようにも見え、不思議なほど特徴のない顔立ちをしていたが、そのまま十秒ほど静止画となって映っている。

他のことをやりながら観ていたので、回想シーンかコマーシャルだろうと思ったら、再びぐにゃりと波打ち、なにごともなかったようにドラマの場面に戻っていた。

が、深くは考えず、すぐにそのことは忘れてしまったという。

すると数日後、夫がサッカー中継を観ていたら、まったく同じ現象が起きたというので、U美さんは吃驚《びっくり》してしまった。

どんな女だったかと訊いたら、なにも答えられないのか、ああとかううむといって、唸《うな》っている。

なんだか気味が悪いのでテレビを買い換えたが、設置した日に再び同じ女の顔が映ったので、ふたりしてテレビを観ることをやめてしまったという。

「夫の仕事の関係で半年後に引っ越したんですけど、心機一転という感じで、またテレビを観るようになりました。それからは、特になにも」

これは、単にそんな気がするというだけですけど、前に住んでいたそのアパートの眼の前に、少年刑務所が建っていたんです。玄関を開けたらすぐ高い塀がある感じで。もしかしたら、それがなにか関係していたのかなって――。

そうU美さんは語る。

八、虫採り少年

四十年ほど前、Sさんが小学五年生の頃のことだという。

夏休みに入ったばかりのある日の早朝、友達と待ち合わせて河川敷の林にカブトムシを採りにいったそうである。

まだ夜も明けきらぬなか、ふたりの子どもは自転車を走らせて河川敷まで向かった。土手に自転車を停め、鬱蒼《うっそう》とした林のなかに懐中電灯の明かりだけを頼りに分け入った。

とはいえ、昼間に来ることもあるので、大体自分たちがどの辺の場所にいるのかということはわかっている。

林にはクヌギやハルニレの木が群生しており、よくカブトムシやクワガタが採れるのだが、案外知られていないようで、今まで誰かと出偶《でくわ》すことはなかった。

その日もたくさん採るつもりで、いつもより大きめの虫かごをSさんは持ってきていた。

すると林の奥から、がさがさと、すでに誰かいるような音がする。野生動物のようなものかと一瞬思ったが、友達が懐中電灯の光を音のほうに向けた瞬間、それが子ども——自分たちと同じ年齢くらいの男児であることがわかった。

しかし、見たことのない顔である。

近くには親もいないようだし、車が停まっている様子もないので、どうやらひとりで来ているようだった。Sさんは友達が一緒なので平気だったが、これほど暗いなかをたったひとりで来るなんて、ずいぶん度胸がある子だな、と感心した。

Sさんはその少年のほうに近づいていって、

「カブトムシ採ってるんでしょ。結構採れたの」

そう訊くと、少年は無言のまま、こくんと頷き、手に持った虫かごを指差した。

なかにはクワガタやカブトムシが、隙間がないほどぎっしりと入っていて、出してくれとばかりに手脚を動かしている。

「どこの学校なの。見たことないけど」

そう尋ねると、もごもごと聞き取れない声でなにかいい、くるりと背中を向けて茂みのなかに入っていってしまった。

それから一時間ほどふたりは夢中になってカブトムシを探したが、小さなクワガタが五匹ほど採れただけだった。やはりあの子が採りつくしちゃったのかな、とふたりで話していると、どこからか再び少年が現れて、虫かごを地面に置いた。

すると、眼の前のヤナギの大木を巧みに登っていく。手足の使い方は猿そのもので、S

さんと友達は唖然としていたが、少年は姿が見えなくなるほど高くまで登ってしまった。

その場でしばらく待っていたが、ちっとも下りてこない。

すでに懐中電灯は必要ないほど明るくなっていたが、どこにいってしまったのか、少年の姿は木のどこにも見当たらない。ふたりで周囲をぐるりと回りながら先端のほうまで見てみたが、少年の姿は忽然と消えてしまったようだった。

その後も一時間ばかり木の下で待ったが、そろそろ行かなきゃ、と友達がいうので、Sさんも一緒に帰ることにした。

その後はなんだか河川敷に向かう気がせず、違う森林に出掛けていたが、二週間ほどした頃、再び友達と例の場所に行ってみることになった。

すると――。

ヤナギの木の下に、少年の虫かごが置かれたままになっていた。

なかを覗くと、大量のカブトムシやクワガタの手脚が、見るも無残な形でバラバラに散乱している。共食いをしていたそうである。

九、公衆トイレ

Iさんが鄙びた公園のトイレに入って小用を足していると、大便所の扉が、ぎいいっと開いたので、誰かいるのかと思ったが、しばらく経っても出てくる気配がない。

おかしいなと感じ、近づいてそっと扉を開けてみると、ひどく痩せた、一匹の薄汚れた猫がいる。一瞬、ぎょっとしたが、トイレの入り口は年中開いているので、寒さしのぎで、そこから入りこんだのだろうと思った。

すると、そのとき。

「ここであんたもしぬのかい」

上目遣いで、猫はそうはっきりしゃべったという。

十、スタジオ

幽霊の声が入っていると話題になった、ある有名な歌謡曲を録音したスタジオで一時期働いていたRさんは、年がら年中、それこそ昼も夜もなくそこに入り浸っていたが、幽霊を見たことなど一度もなかったという。

ただ楽器を置いておくと、やたらとチューニングが狂う。

それだけならやり直せばいいのだが、張ったばかりのギターやベースの弦が、眼を離した隙に外れてしまいそうなほどペグが緩んでしまう。また楽器の演奏中、なんでもないところで弦が切れてしまうことが頻繁にあり、皆で首を捻るばかりだったという。

十一、ゴーストタウン

十年ほど前、カメラマンのSさんがフランス旅行に赴いた際、長年の念願だったオラドゥール・シュル・グラヌ村を訪れたという。

その村は、一九四四年六月十日にナチスの武装親衛隊により大量虐殺があった場所で、一日のうちにゴーストタウンと化してしまったそうだが、戦後になってシャルル・ド・ゴールが遺構として残すことを決め、現在ではナチス占領下の悲惨さを後世に伝えるため、そのままの形で保存されているとのことである。

Sさんが村のなかに入ると、何台もの燃やされた乗用車がそのままになっている。レンガ造りの建物のことごとくがひどく崩れており、砲弾や火災の痕があちらこちらに生々しく残っている。Sさんは写真を撮ることも忘れて、ただ呆然と立ち尽くしていた。

それぞれの遺構にはプレートが取り付けられているが、仏語とあって、なんと書いてあるのか理解できなかった。それでも凄惨な事件が、かつてこの現場で起きたであろうことは、説明を受けるまでもなく明らかだった。

太いため息を吐きながら、気を取り直してカメラを構えると、眼に焼き付けるように端からシャッターを切っていく。

戦後五十年以上も経っているというのに、つい最近の出来事のように感じる。ファインダーを覗いたまま移動していると、破壊されたはずの家屋がなにごともなかったかのようにそこにあり、素朴な格好をした村人たちが笑顔で行き交いしている姿が見えた気がして、何度も眼を瞬いた。

帰国後、すぐに撮影してきた写真をパソコンのモニターで確認していると、そのうちの数枚に白い小さな玉のようなものが写り込んでいる。

埃の反射だろうと思ったそのとき、教会のなかを写した一枚に釘付けになった。白い靄《もや》のような影が、朽ち果てた壁に寄り固まるように写っている。見ようによっては、何人もの人間が一箇所に集まっているようだった。

——なんだ、これは。

他の建物を写した写真にも似たような靄があるので、どうしたらこんなものが写るのだろうと彼なりに考えてみたが、答えが出なかった。

「ひとに話したら、それは心霊写真じゃないかといわれましたが、職業柄、僕はそういうことはまったく信じていませんでしたから」

霊能者の知り合いがいるから紹介するよ、と知人にいわれたが、どうにも胡散臭《うさんくさ》く感じられ、しばらく放っておいたところ、知人が勝手に話を通してしまい、仕方なく写真を携えてSさんもいくことになった。

すると――。

「この教会には女の霊がたくさんいるよ、というんです。浮かばれずにこの地に留まっているんだと。また違う建物の写真には、男ばかりが写っているとのことでした。理由はやはり同じで、なにかを強く怨みながら死んでいったのだろうといってました」

本当なのだろうか。

俄《にわ》かには信じられなかったが、自分の撮った写真でもあり、そんなものを写してしまった理由をなにかしら付けたかった。

それで自分なりに調べてみたところ、その村の二百人ほどいた男たちは、六ヶ所の納屋に分けられて、まず脚を撃たれた後に、躯《からだ》のうえに藁《わら》を掛けられ、火を点けられたことがわかった。

また女性や子どもたちは教会に押し込められ、機関銃による銃撃と手榴弾を投げ入れられて、女性二百四十人、子ども二百五人が無惨にも殺害されたという。

合計で六百四十人以上が一日のうちに亡くなっていることを知り、改めて寒気をおぼえたそうである。

以前は心霊現象のようなものは一切信じていなかったが、最近はそういうこともあるのかもしれないと感じている、とSさん。

「霊能者のひとは、教会にいるのは女の霊だといってましたが、子どもの霊に関してはなにもいってなかったんです。そのひとのいうことが本当なら、おかしくはありませんか。子どもだけでも二百人以上亡くなっているんですよ。でも、思ったんです。子どもたちは、なにが起こっているのかわからないままに死んでいったのかもしれないって——」

神妙な顔で、そうSさんは語ってくれた。

十二、棟梁

会社員のHさんが小学四年生頃の話だという。

ある日、学校から帰ると、家の前に工務店の車が停まり、玄関のドアを作業着姿のひとたちがひっきりなしに出入りしている。

なんだろうと、勝手口にいた母に訊くと、家を改築するから業者さんが来ているとのことだった。

その日以降、学校から帰ると、必ず工務店の車が家の前に停まっていて、玄関のドアも開けっ放しになり、陽が落ちる頃まで騒々しくなった。

作業員は五人ほどで、いつも同じひとたちだったが、そのなかでHさんはひとりだけ違う色の作業着を身に着けた六十年配の男性のことが気になった。

なぜかといえば、忙しそうに動いている作業員を横目に、怖そうな顔でじっと立っているからである。歳格好からすると、おそらくなかで一番偉いひとで、要所要所で指示を出しているのだろうと、子ども心にも、そんなふうにHさんは考えていた。

それから一週間ほど経った頃のこと。

塾から帰宅したHさんは、玄関に入った瞬間、あるものを見て固まってしまった。すぐに大きな声で、おかあさんッ、と叫ぶ。どうしたのよ、という母に教えるように玄関の天井を指差した。

年配の男が、蜘蛛さながらに手足を伸ばし、腹ばいになって天井に張りついている。他の作業員が動いているのを見ているだけだった、あの年配の男である。

しかし、母にはなにも見えていないようで、いったいなんなのよ、と怒っている。

「ほら、天井におじさんがいるよッ」

「なにもいやしないわよ。そんなことといってないで、早く入って手を洗いなさい」

そういうので、恐る恐る靴を脱ぎながら、再び天井を見上げると、居間へと続く廊下の天井を、男は手足を交互に動かしながら凄まじい速さで移動していった。

「まるでゴキブリが逃げるときみたいな動きだったんですよ」

反射的に後を追いかけて居間に入ってみたが、どこに行ってしまったのか、年配の男の姿は見当たらなかった。

父が帰宅した後、その出来事を話すと、最初のうちは笑って聞いていたが、男の容姿を告げた瞬間、俄かに表情が曇った。

「それはひょっとしたら棟梁《とうりょう》かもしれんな。この家を建てたときの大工さんさ。しかし、ここが出来上がった翌年に、胃がんかなにかで亡くなってしまってな。もう十五年は経つかな。お前のいう男のひとによく似ていたよ」

腕の立つ職人肌の大工さんだったから、生きていたら改築も頼みたかったさ。変なふうにされたらたまらんと思って、棟梁は工務店のひとたちを監視していたのかもしれんな——。

天井を見上げながら、そう父親はいったそうである。

十三、成人式

八年前、Uさんは成人式に出席するため、地元の文化会館へ行くと、懐かしい顔がたくさんあり、中学時代に仲のよかった友人が何人かいたので、久しぶりの会話を愉しんだ。

無事に式も終わり、集合写真を撮るので並ぶように指示があった。

馴染みの写真店の老店主が数枚シャッターを切り、そこで解散となった。

一ヶ月ほどして写真が送られてきたが、それを見るなり、Uさんは吃驚《びっくり》してしまった。

そのなかに小学生ほどと思われる男児が紛れ込んでいたからである。

童顔のためにそんなふうに見えるというのではなく、明らかに小さな子どもで、皆カメラのほうを向いているのに、最前列の右端でひとりだけ横向きに立って、これから走り出すかのようなポーズをとっている。

あのとき、こんな子どもがいたらシャッターは切らないはずである。

撮影した画像をチェックする時点で、当然おかしいと感じるはずなのに、加工もされず、そのまま送ってくるのも、なんだか妙な気がした。

すぐに友人に電話を掛け、成人式の写真を見たか、と訊いてみた。

すると――。

「子どもなんて俺の写真には写ってないけど、というんです。思わず、おいおい嘘だろ、といったら、写メを送ってくれたんですけど、友人のいう通り、やはりそんなもの写っていないいんですよ」

とても信じられないので、電話番号を知っている旧友五人ほどに連絡を取ってみたが、結果はやはり最初の友人と同じだった。

なぜ自分にだけこんなものが、とまじまじ眺めているうちに、その子どもが、小学生時代の自分によく似ている気がしてきたという。

しかしそれも、そんな気がするという程度で、真相はわからないままだそうである。

十四、コインランドリー

団体職員のTさんが大学生の頃、住んでいた狭いアパートには洗濯機が置けないので、近くのコインランドリーを利用していたそうである。

ある日の深夜、翌日穿く下着がないので、いつものようにコインランドリーに向かった。

深夜も一時半を過ぎているので利用者はなく、貸し切りのような状態だった。

五台ほど並んだ真ん中のドラム式洗濯機に下着を入れ、そのすぐ前のパイプ椅子に座って雑誌をめくり始めた。

十五分ほど経った頃、一番右端の洗濯機の半開きになったドアが、突然、ぱたんと閉まった。信じられない思いでいると、店内の左の壁に設置された布団用の大型洗濯機がひとりでに動き始めた。見ると、なかにはなにも入っていない。

そのとき、背後にひとが立っている気配を濃密に感じた。

しかし、店のドアが開いた音を聞いていない。ドアは立て付けが悪く、開けるのにも苦労するほどなので気づかないはずはなかった。

振り向くまでもなく、眼の前の洗濯機のドア窓を見ると――。

自分のすぐ真後ろに誰かが立っている。近すぎて男なのか女なのかもわからなかった。一気に総毛立ち、Tさんは逃げるように店を飛び出した。

下着は使い古しだったので、取りには戻らず、その晩のうちにコンビニで新しいものを買い求めた。それ以降、二度とそのコインランドリーを使うことはなかったという。

この出来事とは関係ないかもしれないが、ある有名なOL殺人事件の現場の近くだったそうである。

十五、噬う女

会社員のYさんから聞いた話である。

五年前、出張で北関東の地方都市に行った際、駅前のビジネスホテルに宿泊したそうである。

初日の夜、支店の同僚との食事から帰ってくると、疲れのせいか、テレビを観ながらすぐにうつらうつらし始めた。

どれくらい経った頃か、ドアをノックする音が聞こえる。

ビジネスホテルではあるが、訪問者が直接ドアを叩くというのは普通ではない。

誰だろうと、ベッドから起き上がってドアスコープを覗くと、女性だった。

ホテルのスタッフかと思ったが、もしなにか用件があるなら部屋の電話で知らせてくるはずである。それにどう見ても、そのような格好ではなかった。

ドアを開けてみると、胸元がやけに強調された服を着た女が立っている。

といって肉感的なわけではない。異様なほど痩せていて、浮き出た鎖骨が深い陰影を作っていた。年齢は一見若いように見えるが、そうでもないようである。

デリヘル嬢だろうとYさんは思った。——が、そんなものを頼んだ憶えはない。

「間違いですよ。僕は呼んでいませんから」

そういうと、女は片頬をひきつらせたように上げて、ばつが悪そうに嗤《わら》った。

そして踵《きびす》を返し、廊下をすたすたと歩いていく。

それを後ろから見ていると、一基しかないエレベーターの前で立ち止まり、待つ様子もなく、すっと、吸い込まれるように壁に消えていった。

違和感をおぼえ、急いでその場に行ってみると、カゴは最上階に止まったままで、降りてきてはいなかったそうである。

十六、自己紹介

公務員のKさんが高校二年生のとき、新任の男性教師が黒板に自分の名前と年齢を書き、最後に、

「三十八歳で死亡　※自殺」

と記したので、愕《おどろ》いて周囲を見回すと、なぜか誰も反応していない。

授業のため、すぐに消されてしまったが、後でクラスメイトに訊くと、なにいってんのおまえ、といわれた。

二年後、先生はその齢《とし》になるはずだという。

十七、雷

七年前の夏、激しい雨が降った夜のこと。

雷の音が凄まじいので、雷鳴がしてから光るまでの時間を計ろうと、C子さんはカーテンを開けてみた。

すると、ごろごろごろっ、と大きな音が鳴り、二秒ほどして空が光って、一瞬、昼間のように庭が明るくなった。——と、そのとき、園芸用のスコップを手にした、黒い雨合羽を着た女が庭に佇んでいるのを見た。

愕《おどろ》くまもなく、再び雷が鳴り、ぴかっと光ったが、そのときには女の姿はもう消えていた。

後から考えてみると、スコップではなく、包丁だったような気もするという。

十八、ヤモリ

E美さんの通勤路に一軒の年季の入った居酒屋があったという。

自宅を兼ねているのか、建物は二階建てで、アイボリーの壁は一面煤《すす》けてしまっており、お世辞にも清潔そうには見えない。実際、客が出入りしているところを見たことがないが、それでも夜になると、赤ちょうちんが灯っているので、営業しているようではあった。

その店のすぐ脇に、木造の古びた平屋が建っており、二軒の間に幅一メートル五十センチほどの細い路がある。そこによく中年の女が立っているのを眼にした。

齢は五十代半ばほどで、きついパーマがとれてきたような、ひどく傷んだ髪の毛をしている。眉間に皺《しわ》を寄せ、見るからに不機嫌そうなその顔は、鬼瓦を想起させた。が、視線は虚空を漂っている感じで、なにを見つめているのかわからない。

かなりの割合で見かけるので、平屋に住んでいる住人なのだろうと彼女は思っていた。

ところが——。

ある日の夕方、E美さんが店の前に差し掛かったとき、ふと路地を見ると女がいない。

今日は立っていないのか、と思った瞬間、薄汚れた店の、一階と二階の間の壁に例の女が張りついている。

ヤモリのようだった。

唖然としている最中《さなか》にも、手足を昆虫か爬虫類のように動かしながら、一階と二階の間を行ったり来たりしている。

しばらく経って、二階の窓に白い人影が映った刹那、さささささッ、と凄まじい速さで窓枠の真下に移動し、窓ガラスなどないかのように、するり、と部屋のなかに入っていった。

その後、しばらく店はやっていたが、二ヶ月ほど経った頃、急に閉じてしまったようだった。

店に何度か行ったことがあるという父に聞いたところ、店主は六十年配の親仁《おやじ》だったが、駅前のスナックの女と長く恋仲だったそうだ。

十五年ほど前の一時期、愛想の悪い妻が店を手伝っていたことがあったが、ある日を境に姿を見せなくなったという。

十九、街灯下の男

四年前の大雪の夜、Ｆさんが自宅の前で、その日三度目の雪かきをしていると、通りの街灯の下にひとりの男が立っている。

同じように雪かきをしているのかと思ったが、こちらに背中を向けているので誰だかわからなかった。

近所は高齢者ばかりとあって、進んで雪かきをする者などいない。どこの家のひとだろうと思った瞬間、そのひとがやけに薄着なのがわかった。

自分は厚手のセーターのうえにダウンジャケットを着ているというのに、その人物はワイシャツ一枚に綿のスラックスといった格好で、まるで初夏のようないでたちである。しかもよく見ると、雪かきのスコップは持っておらず、ただじっと街灯の下に佇んでいるのだった。

不審に思ったＦさんは、道路の雪をかきながら、少しずつ近づいていって、

「今日はまたずいぶんと降りましたね」

そう声を掛けてみた。しかし、返答がない。

なんなんだこのひとは、と思った刹那、男はこちらを振り向いた。――が、その顔を見たとたん、愕きのあまり思わず後ずさっていた。

やけにのっぺりとした人工的な顔で、表情というものがまったく見られない。それに顔が異様に紫色帯びているが、とても街灯の光のせいだとは思えなかった。

それだけではない。

ありえないほど瞳の黒目が小さかった。五円玉の穴ほどしかない。

それがじっとFさんの顔を見つめている。

すると――。

「ぐわああああああ」

そう男はいいながら、口をあんぐりと開けた。冷水を浴びたように一気に総毛立ち、Fさんは意識が遠のいていくのを感じた。

次の瞬間、気がつくとFさんは自宅の風呂で洗髪していた。

まさか風呂に入りながら幻覚を見ていたとは思えないが、とりあえず浴室から出ると、リビングの床がところどころ濡れている。

どうしてこんなふうになっているのかと、濡れた部分を辿っていくと、玄関まで続いていた。

　靴脱ぎのところには、雪まみれになったダウンジャケットや手袋、ズボンや下着までもが、そこで急いで脱ぎ捨てたように散乱し、三和土《たたき》に水たまりを作っていた。

　まるで外から逃げ帰ってきたようだったが、そんなふうに服を脱いだことや入浴するまでの記憶が、すっぽりと抜け落ちていたそうである。

二十、まつだい

四十年ほど前のこと。

当時、Gさんは高校生だったが、公園で近所の小学生たちが騒いでいるので、なにごとかと近寄ってみたら、捕まえてきたらしいトノサマガエルの尻の穴に麦藁を差し込んで膨らませている。

それを池に浮かべて、小石を投げはじめたので、ずいぶん残酷なことをするなと思った。

とはいえ、自分たちも幼い頃、似たようなことをしていたので、これも成長の過程においては必要なことなのかもしれない、などと思っていると、なかで一番やんちゃそうな太った男児が長い枯れ枝を持ってきて、ぱんぱんに膨らんだカエルの腹を見つめている。

と、その瞬間、

「おのれ、まつだいまで――」

はっきりとカエルがそういったのが聞こえ、思わず耳を疑った。

が、最後までいわぬ前に男児に枯れ枝で突き刺されてしまった。

しばらく呆けたように、子どもたちは突っ立ったままだったそうだ。

二十一、老婆

引っ越し業のFさんに聞いた話である。

十年前の夏、Fさんが入社して見習いだった頃のことだという。

首都圏から中部地方の古民家に移った若夫婦の引っ越し作業をしていたときのこと、Fさんは先輩社員とふたりで洗濯機の設置作業をすることになった。

設置場所は風呂の脱衣所だったが、古い建物だけあって広々としていてやりやすそうだなと思っていると、風呂場の扉が開けっ放しになっている。

洗い場の床はモザイクタイルが張られ、風呂釜も最近のものに比べるとだいぶ小さく、見るからに時代を感じさせるものだった。

トラックから洗濯機をふたりで運び、脱衣所に入ったとき、ぷんと線香のにおいがした。

そういえば盆時期だったな、とFさんは思ったが、荷物のなかには仏壇などなかったので、古い家に染み付いたにおいなのだろうと思ったそのとき、空の風呂釜のなかに、和装の八十は越えていそうな老婆が座っていた。

こちらのことは、まったく気にしていないのか、まっすぐ壁のほうを見つめている。

一瞬、家族だろうと考えたが、引っ越しをしたのは若夫婦ふたりだけで、空き物件となっている古民家を借りたのである。となると、これは誰だろうと、そんなことを思っていると、

「おい、ぼさっとしてないで、ホース早く取り付けてくれよ」

そう先輩にいわれたものの、風呂のほうが気になって仕方がない。

先輩のいる位置からも風呂のなかは見えているはずだが、気にならないのか、黙々と作業をこなしている。

そうこうしながらも無事に設置が終わり、最後に若夫婦を呼んで確認をしてもらっているときにも、老婆は風呂釜のなかにじっと座っているのに、誰もなんの関心も示さない。

そのとき初めて、もしかして自分にしか見えていないのではないか、とFさんは感じ、ぞっとした。これまでにも何度か不思議な経験はしたことがあったが、自分にそういった霊感のようなものがあると感じたことは、一度もなかった。

その数日後、今度は学生の引っ越し作業があり、荷物を運び入れようとアパートの部屋に入った瞬間、強い線香のにおいが鼻をうった。

前の入居者がこれほどのにおいを付けたのであれば、退去後に清掃も入るだろうし、壁紙なども変えるはずである。ここに引っ越す学生は、内覧のときに気にならなかったのだ

ろうかと、Fさんは不思議に思った。

しかし、壁紙は見たところ綺麗そうで、最近貼られたもののようだった。

すると、ユニットバスの扉が開いていて、ふと見ると、薄暗いバスタブのなかに和装の老婆が座って、じっと白い壁を見つめている。先日と同じ老婆だった。

思わずぎょっとしたが、なにごともなかったかのように、ダンボール箱を部屋のなかの作業員に手渡し、トラックに戻った。

学生とあって、さほど荷物はないので、さっさと作業を終えて帰社したそうだ。その後も三度ほど、まったく別の仕事先で同様の経験をしたという。

てっきり老婆は、古民家に居座っている——幽霊だと思っていたが、どうやら違うようだった。老婆を見たのは、その夏の終わりから冬に掛けての時期だけで、それ以降はまったく見なくなったとのこと。

「もしかして、どこかの現場で、僕が拾ってきてしまったのかもしれません」

なぜ空の浴槽に老婆は座っていたのか、あれだけ頻繁に出ていたのに、なぜ急に見えなくなったのか、それがFさんはわからないのだという。

二十二、黒こげのひと

五年前、会社員のC子さんが新宿駅からの地下道を歩いていると、全身黒こげになったひとが歩いている。

性別もわからないほどだが、裸足で脚を引きずるようにして少しずつ歩を進めていた。しかし誰も気にしている様子がない。皆急ぎ足で、その脇を通り過ぎていく。

場所が場所だけに、そんなコスプレをした、変わっているひとなのかとC子さんは思った。気になるので少し離れた場所から見守っていると、地上へと続く長い階段の手前まで辿りついたようだった。

のぼるのだろうか、と思った次の瞬間、そのひとが階段の最上段に立っているので、思わず眼を疑った。時間にしたら一秒も経っていない。

唖然としていると、一瞬、黒こげのひとは階下にいるC子さんのほうに振り返った。黒こげで表情などまったくわからないはずなのに、にんまりと嗤ったように感じた。

出口から姿が消えると同時に、彼女も急いで階段をあがったが、どこにも見当たらなかったという。

二十三、傍観者

五年ほど前、Bさんは近所のコンビニエンスストアに車が突っ込む夢を頻繁に見た。週に一度はその夢を見るので、いつか本当に車が突っ込むのではないかと不安な思いに駆られていた。その店で雑誌を選んでいるときも、この辺にいたら危ないなどと考えてしまい、落ち着いて買い物ひとつできない。

他のコンビニに行けばよさそうなものだが、一番近くの店でも数キロ離れた場所にあるので、わざわざ足を延ばすのも面倒だった。気をつけてさえいれば大丈夫だろうと高をくくっていたという。

そんなある日、家を出たとたんに急に催したので、トイレを借りようとコンビニの駐車場に車を前向きで停めた。

用を足し、缶コーヒーを一本買って、車に乗り込む。

そしてバックしようとした、そのとき。

——キュルキュル、キュルキュル、キュッ、ガッシャーン！

すさまじい勢いでコンビニに向かって突っ込んでいた。高さ十五センチの車止めを乗り越えてである。

車体の半分が店のなかに飛び込んでいるが、車のフロントガラス一面にひびが入った程度で、大きなけがはなかった。ただ、店のガラスは広範囲に亘って派手に割れ、店内の什器もいくつか横倒しになっている。幸いにも客は奥側のレジ前にひとりいただけで、店員も近くにはいなかったようだった。

「AT車の操作ミスなんて高齢者だけだと思っていましたから、自分がやらかすなんて、めちゃくちゃショックでしたよ。けが人が出なかったのが不幸中の幸いでしたが――」

夢のなかで何度も見ていたのは傍観者としてだったので、まさか自分がすることの予知夢だとは思わなかった、とBさん。

しかし、事故からしばらく経った頃、その店に車が突っ込んだのはBさんが初めてではないことがわかったという。

その街にBさんが住み始める三年前にも、高齢女性の運転する車が店の入り口に突っ込み、客の男子高校生がひとり亡くなっているとのことだった。

二十四、滝の絵

Mさんの祖父の家には、滝を描いた一枚の油彩画が壁に飾ってあったという。

どこの滝なのか場所はわからないが、大変写実的に描かれており、遠目だと写真のように見えなくもない。

その水の落ちる場所に、人間の顔のようなものがいくつか描かれているのが、子どもの頃、怖くて仕方がなかった。それだけではなく、人間の開いた掌が救いを求めるように水面のあちらこちらから突き出ている。その数からすると、ひとりやふたりではなかった。

まるで心霊写真を描いたような感じなので、これはどういう絵なのだろうと思い、祖父に訊いてみたことがあったが、

「普通の滝の絵じゃないか」

そういわれただけだった。

それから数年後、祖父が亡くなり、家も処分してしまったので、滝の絵の所在は長らく不明だったが、最近になって父にその話をすると、形見分けで滝の絵をもらったが、価値があるのかわからないので納戸にしまってあるという。

埃まみれになりながら、Ｍさんが探し出してみると――。

「子どもの頃に見た、あの滝の絵で間違いありませんでした。でも――」

水面から突き出た手や顔がどこにも描かれていない。普通の写実的な、滝の構図の油彩画だった。

当時あれほど感じた怖さはどこにもなく、ただ懐かしい感慨だけがあった。

「そうなると、子どもの頃に見ていたあれは、いったいなんだったんだろうって――」

祖父は入浴中に心疾患の発作で溺死したのだという。

「単なる偶然かもしれませんが、祖父の死は絵となにか関係がある気がしてならないんです」

そうＭさんは語る。

二十五、前の旦那

ガソリンスタンドに勤務するKさんの話である。

Kさんは結婚したばかりの頃、国産の新車のセダンを購入したそうである。

奮発しただけあり、気にいって毎日のように乗っていたが、ある日、運転しているとトランクのなかで、なにかが暴れているような音がする。

最初のうちは気のせいかと思っていたが、はっきりと聞こえるので、路肩に車を停め、後ろに回りトランクを開けてみた。

が、特に変わったものはない。勘違いだったか、と再び走り出すが、しばらくすると、また烈しくなにかが動く音がする。

以前どこかで読んだ、猫が車のボンネットに入り込んで死んでいた話を思い出し、そんな莫迦なことが、と思いながらも、再び停車して、今度はボンネットを開けてみた。

しかし、やはりなにも異変は見られなかった。

そんなことが度々あったので、自分なりに調べてみたが、まったく原因がわからない。

ディーラーにも出してみたものの、問題は見つけられなかったといわれた。

仕方なくそのまま乗っているうちに、次第に音には慣れてきたが、今度は妙なにおいを感じるようになった。Kさんは喫煙をしないので、煙草やエアコンのせいとも思えない。もっとも、そんなにおいではなかった。なにか腐った生ごみを凝縮させたような、思わず鼻を摘みたくなるほどの臭気だった。

妻も乗る度に不平をいうので、再度点検に出したが、今回も異常は見られないとのことだった。そのことを妻に話すと、なにか考え込んでいる様子なので、どうしたの、と問いただしてみると、

「前の旦那のことなんだけど――」

Kさんの妻は、彼と知り合う前に離婚を経験しており、その以前の夫が暴力団の構成員だったという。

Kさんはそのことを知ってはいたが、今まで進んで尋ねたことはなかった。

「あのひと、いかにもな感じの黒塗りのセダン車に乗ってたんだけど、ある日、わたしが荷物を入れるためにトランクを開けようとしたら、ものすごい剣幕で怒ってさ。『てめえ、ぜってえ、そこ開けけんじゃねえぞ』って、唾《つば》飛ばしながら。ガラはたしかに悪かったけど、わたしに向かってそんな言葉をいうようなひとじゃなかったから、すごく吃驚《びっくり》したことがあった」

なにかよからぬものが入っているのではないか、と思ったという。

また助手席に乗っていると、今まで嗅いだことのないような強烈な異臭がするので、なにを積んでいるのかと訊いたことがあったが、それにはなにも答えず、黙ったままだったそうだ。

そのときのにおいに似ている気がする、と妻はいった。

「あのとき、トランクのなかに絶対私には見られたくないものが入っていたんだと思う。拳銃とかクスリとかじゃない、もっとヤバいものが。だって、そんなものどれだけ入れていたって、あんなふうににおうわけないから」

それを聞いて、あるひとつの可能性しか思い浮かばなかったが、そんなことを平気な感じで語る妻に、Kさんは慄然《りつぜん》とした。

Kさんが妻と別れたのは、まったく異なる理由からだったが、役所に離婚届を出した直後から、不思議と音やにおいはしなくなったという。

それらの原因が前の夫のせいだとしたら、なぜ自分がそのようなとばっちりを受けなければならないのか。

「理不尽にもほどがありますよね」

そうKさんはいう。

二十六、山へ誘う

横浜のキャバクラで働くY美さんの話である。

三年ほど前、常連客のFさんが来店して、Y美さんを指名してきた。

この二ヶ月ほど来ていなかったので、

「ちょっと、おひさしぶりじゃないですか。すっかり他の店に浮気されちゃったのかと思ってたんだけど」

そう笑いながらいうと、そんなわけないじゃないか、と答えたFさんの顔に、少し違和感をおぼえた。どこがどう違うと、はっきりとはいえないが、なにかいつもとは異なる雰囲気をまとっているように感じる。くったくのない笑顔で話してくるのが常だったFさんだが、その日はやけにニタニタと陰湿な笑みを浮かべて、

「いやあ、山はいいよ、山は。たしか前に山に行きたいといっていたね。今度連れていってあげるよ」

と、そんなことをいう。

山へ行きたいなどといったことはないので、誰か他のひとと勘違いしているのではない

かと思ったが、

「山はいいよ。うん、実に山はいい。なんていうのかな、頭がからっぽになるというか。空気が澄んでいるからかな、真っ白になるんだな、これが。近いうち本当に連れていってあげるからさ」

一時間ほど、そんなことばかりいって、帰っていった。

その数日後、Fとよくつるんで呑み歩いていた芸能事務所の社長が来店し、

「おいおい、知ってるかい、Fいるだろ、F。あいつ、奥さんと温泉旅行に行くなんていってたんだが、山道を運転しているときに崖から落ちて死んじまったっていうんだよ。奥さんだけは助かったらしいが、あいつは即死だったそうだ」

いきなりそんなことをいわれたので、Y美さんは吃驚してしまった。

それはいつのことか、と尋ねると、事故を起こしたのがちょうど五日前だという。

そんな莫迦なと、つい三日ほど前にFさんが店に来て、山へ執拗に誘われたことをいうと、社長は、ううむ、と唸り、それきり黙り込んでしまった。

再び誘いに来られたらたまらないので、マネージャーに相談し、市内の系列店に移ったそうである。

二十七、デニムジャケット

十五年ほど前、会社員のDさんは不思議な体験をしたという。

当時、大学生だったDさんは輸入古着を好んで着ていた。

もっぱら買うのは街の古着屋だったが、ある日、店頭で見つけた古びたアメリカ製のデニムジャケットをいたく気に入った。

持ち金で買える程度だったので、すぐに購入し、自宅に帰るやいなやリペアを始めた。

生地の痛んでいる部分には、自分でミシンを当て、違う洋服に付いているワッペンを剥がして貼り付けた。自分でも惚れ惚れとする仕上がり具合で、毎日のように大学に着ていった。

すると、F君という同じゼミの学生が、知人にやはり輸入古着が好きな男子学生がいて、Dさんが着ているデニムジャケットをなんとしても欲しいから、譲ってくれないか訊いてみてくれないかと頼まれたというのだった。

売るつもりはなかったが、三万円まで出せるというので、毎月のやり繰りに困っていたDさんは、その金額にすっかり眼がくらんでしまった。

結局、デニムジャケットは売ることにし、引き替えに得た金で似たものを買い、同じように加工を施してみたが、どうしてもしっくりこなかった。

大学卒業後、商社に就職したDさんだが、五年ほど経った頃、アメリカの西海岸に出張することになった。

仕事の合間の休日に、かねてから行きたいと思っていたアメリカ最大級の古着市場であるローズボール・フリーマーケットへ赴いてみた。

あるブースで屈みながら古着を漁っているときだった。

ふと顔を上げたところに、一枚のデニムジャケットがハンガーで吊るされている。

それを見た瞬間、Dさんは雷に打たれたようになった。

三万円でひとに譲ってしまった、まさにそのデニムジャケットだったからである。

一瞬、よく似たものかとも思ったが、立ち上がって間近で眺めてみたところ、どう考えても間違いない。慣れないミシンを使って自分で直したリペア痕や貼り付けられているワッペンも自分が選んだものに違いなかった。

これはいったいどういうことだろう。

日本国内のフリーマーケットで見かけるのならまだ理解できるが、ここは海を遠く隔てた外国である。

デニムジャケットを買い取った男子学生が、なにかの理由で手放したのだろうか。

もしそうだとしたら、国内の中古市場に出回るのが普通である。それでも行き場のなくなったものは東南アジアへ運ばれることが多いが、古着の本場であるアメリカに渡ってくるのは、普通ありえない。しかし、旅行で来日した米国人バイヤーが、古着店かフリーマーケットでこれを購入し、自分の国に持ち帰ったという可能性もある。

それも案外ありそうだな、などと考えていると、背後から突然、店主に声を掛けられた。

「このジャケット、クールだろう?」

そう訊いてくるので、これは僕が着ていたものなんです、と危うく口に出かかったが、

「――ええ。大変失礼ですが、これはどこで手に入れたのですか」

思い切って、そう尋ねてみた。

すると店主は、妙なことをいう奴だな、といった表情で、

「そんなの忘れちまったよ。ずっと前から持っていた気もするし、最近仕入れたような気もするが。まあいずれにしても、この西海岸のどこかのマーケットさ。この国の良質な古着が集まってくるからな」

そう答えた。

Dさんは自分が日本人であることを告げると、日本へは行ったことがあるか、とさりげ

なく尋ねてみたが、一度もない、と店主は答えた。

金額を訊いてみたところ、二百五十ドルなら譲るという。

思わず高いと感じたが、日本円に換算すると、ちょうど三万円ほどで、それはDさんがFさんの友人に売ったのと殆ど同じ金額だった。

少し安くならないかと頼んでみたが、足元を見られたのか、びた一文負けられないと強気なことをいう。

これもなにかの縁かもしれないと、金を支払ったDさんは、その場で袖を通してみた。

すると、そのとたん、どっと熱いものがこみ上げてきて、とめどなく頬を濡らした。

それを店主は困惑した表情で眺めていた。


帰国してしばらく経った頃、ゼミ仲間の飲み会があった。

出席していた友人のF君に以前デニムジャケットを売った男子学生のことを尋ねてみた。

すると――。

大学を卒業した年の春のことだったという。

中型バイクを運転中に大型バスと接触し、飛び上がった車体が転倒した躯にもろに落ちてきて、内蔵破裂を起こし亡くなってしまったというのだった。

自分とデニムジャケットを再び引き合わせたのは、人智を超えた、眼に見えないなにかの因縁によるものと思っていたが、もしかしたら亡くなった男子学生の粋な計らいだったのかもしれない。――と、そう思ったという。

その後、デニムジャケットは着ることなくクローゼットの隅に掛けていたが、三年ほど前、高校を卒業した従兄弟にただで譲ってしまったそうである。

二十八、首を吊る夢

八年前のある日、Nさんが昼寝をしていると首を吊る夢を見た。苦しさのあまり目覚め、すぐに洗面台の鏡で首をたしかめたが、もちろん痕にはなっていない。

なぜそのような夢を見たのかわからないが、とてつもなく悲しく、やりきれない気持ちにとらわれたので、そのことが不可解でならなかった。

実家の隣に住んでいた幼なじみが、以前ある大きな事件を起こし、死刑判決を受けて服役していたが、夢を見たまさにその時刻、絞首刑が執行されたことを夜のニュースで知ったという。

二十九、こいのぼり

保険外交員のRさんが、クライアント先に向かっているとき、古びたアパートの前を通りかかった。

手すりしかないベランダに男物のTシャツが干されていて、飛んでしまいそうなほど風になびいている——と、そう思ったら、洋服ではなく、やけに薄っぺらい女が、物干し竿に掴まって、こいのぼりよろしく、ひらひらひらひらと空にはためいているのだった。

するとそのとき、ひと際強い風が吹き、Tシャツが飛んでいくように女も宙を舞いながら、どこかへと消えてしまったという。

三十、痴漢

K子さんは高校生の頃、通学に使っていた小田急線でよく痴漢に遭っていたという。

その日も電車が揺れる度に臀部《でんぶ》の辺りを触れられている感覚があった。

最初は気のせいかもしれないと思ったが、次第に露骨に当たってくるので、痴漢に間違いないと確信した。

いつもは怖くて顔を見ることもできなかった。おとなしいと思われていて、いいターゲットになっているのかもしれない。今日という今日は、勇気を振り絞って、睨みつけるか足を踏みつけてやろう。それとも手首を掴まえて大きな声を出してやろうか。

そう思いながら、躯に触れてくる手を辿っていくと――。

数学の先生だった。

しらばくれたように横を向いているが、どう見ても間違いない。

しかし先生は、前の年に病気かなにかで亡くなっているはずだった。

あまりのことに頭が混乱する。

と、そのとき、大きくひと揺れし、電車が止まった。

ドアが開くのと同時に先生も押し出されるように外へ出ていく。

K子さんも流れに逆らえず一度ホームに降りたが、先生の姿はもうどこにも見当たらなかった。

その日以降、なぜか痴漢には遭わなくなったそうである。

三十一、託宣

三十年前、N美さんがデパートで買い物をしていると、店員のなかに高校時代の友人を見つけ、「あら、おひさしぶり」と声を掛けて、しばらく立ち話をしていた。

すると、近くにいた母子の、三歳ほどの男児がこちらを指差しながら、

「お母さん、あのひと、はやじにだよッ」

突然、そう叫んだ。

母親は愕《おどろ》いた表情で頭を下げながら、子どもの手を引いて逃げるようにその場を立ち去った。

「早死だなんて、いやねぇ。どこであんな言葉覚えたんだろう」

友人は笑いながら小声でそういったが、N美さんはひどく落ち着かない気持ちになった。

なぜならその頃、N美さんはある大病を患っていて、入退院を繰り返していたからである。

それから一週間ほど経った頃、友人に渡すものがあり、デパートの売り場に顔を出すと、やけにひっそりとしていて、友人の姿が見えない。

その日は休みではなかったはずなので、休憩に入っているのだろうと思った。しばらく

見て回った後、レジにいる女性店員に尋ねると、友人は交通事故に遭い、三日前に亡くなったのだという。

それを聞いて、N美さんは吃驚《びっくり》してしまった。その日はちょうど告別式で、社員は皆、参列するために出払っているとのことだった。

その足で友人の実家に向かい、冷たくなった彼女と会うことができたが、相当に激しい事故だったのか、顔はぐるぐる巻きに包帯が巻かれたままだった。

「早死というのは、すっかり私にいわれたものと思っていたんですけど——」

N美さんの病は時間が掛かったものの、その後完治し、現在は健康な日々を送っているとのこと。

友人が亡くなったのは、二十四歳になったばかりの春だったという。

三十二、異物

主婦のB子さんから聞いた話である。

十五年ほど前、当時ひとり暮らしをしていたB子さんが、外出しようと玄関のドアを開けると、足を踏み出そうとした先に、動物の糞のようなものが落ちている。

繁々と眺めてみると、やはり糞以外のなにものでもなかった。

大きさからすると、ひとか犬かといった感じだが、犬だったらかなりの大型犬に違いない。まったく弱ったわね、と思いながら、スコップを持ってきて、アパートの小さな庭に穴を掘って埋めた。

それから三日ほど経った、ある日のこと。

自宅で料理をしていると、電話が鳴ったので、リビングのほうに向かった。するると、足元で妙なものを踏んだ感触があり、慌ててスリッパを裏返してみると、五センチほどの糞のようなものが張りついている。

とたんに異臭がキッチンに充満した。

急いでトイレットペーパーで片付け、まんべんなく除菌をしたが、立て続けにそんなことがあったので、すぐに引っ越すことを決めたという。

B子さんは健康体で、そのとき家にはひとりきりだったし、もちろんペットのようなものも飼っていなかったそうである。

三十三、麺

前の話とよく似た体験を聞いたので、続けて紹介したい。

新薬の研究員をしているDさんが大学院生のときのこと。

ある日の深夜、部屋でパソコンに向かっていると、突然、おええェッ、という声とともに強烈な異臭がしたので、あわてて振り返ると、床のうえに人間の吐瀉物《としゃぶつ》のようなものが撒き散らかされている。

うわっなんだ、と鼻を摘みながら顔を近づけると、未消化の麺のようなものが大量に含まれていた。

嘔吐した覚えはないし、このところ麺類は食べていなかったので、自分のものでないのはたしかだった。

彼もひとり暮らしで、ペットなどは飼っていなかったという。

怖いというよりも、また同じことが起きたらたまったものではないと思い、Dさんもすぐに引っ越しを決めたそうである。

三十四、鉄道橋

会社員のBさんの話である。

Bさんの働く会社は新宿都庁の近くにあるが、三年前、通勤に二時間ほど掛かる小高い山の中腹に、中古住宅を買って住み始めたという。

電車の車窓から見える景色を眺めていると、長い移動時間もそれほど苦ではないそうだ。朝、自宅近くの最寄り駅から電車に乗ると、必ず左側の座席に座り、外の風景を眺めるのが日課になっていた。

引っ越しをして少し経った頃、通勤の最中に、ふとあるものが眼に留まったという。

乗って十五分も過ぎた頃、電車は鉄道橋に差し掛かるのだが、その下には名も知らぬ谷川が流れている。その沢のちょうど真下、正確には橋脚から二、三メートルほど離れたところに、人間の足のようなものが二本、水面から突き出ているように見えた。

あまりにも突飛なので、本物の人間とは思えず、流木か岩が、なにかの加減でそんなふうに見えるのだろうと、Bさんは思った。

それ以降、橋のうえを通る度に谷底を見下ろしてみるが、やはり何度見ても人間の足のように見える。釣り人のような者も少なからずいるはずで、もしそれが本物の人間であれば、当然死んでいるはずなので、これまでに誰か通報していなければおかしかった。

そんなある日の休日、例の渓流の場所がどうなっているのか、自分の眼でたしかめてみたくなった。車で沢の近くまで乗りつけ、そこからは徒歩で川辺まで下りてみた。

しかし、ひとの足のようなものは、どこにも見当たらない。流木や岩のようなものもなかった。流れていってしまったのではないか、あるいは警察が来たのだろうか、とも思ったが、何週間も変わらずあったものが、このタイミングで消えてしまうというのも奇妙な話だった。

しばらくその場に佇んでいると、がたんがたん、と音を響かせながら、電車が橋に差し掛かった。

普段、自分が見下ろしている場所から電車を眺めるのは、なんだか妙な感じがした。すると、電車の車窓から沢のほうを見ているひとがいて、一瞬、眼が合った。

「たぶんそのひとも、僕と同じように谷底になにかを見て、気になっていたんじゃないかなと思ったんです」

真相はわからないが、いずれにしても沢にはなにもなかったので、車のほうに戻ろうとしたとき、近くからチェーンソーを操る音が聞こえてきた。

見ると、林業従事者と思しき六十年配の男性が、朽木を伐採している。Bさんが視界に入ったのか、機械を止めて、

「なんだ、あんたもアレか、川になんか変なもんがあると思って、ここにきたんじゃねえのかい」

出し抜けにそういった。

Bさんは少しどもりながら、ええまあ、と答えると、

「あんたで四人目かなァ、こんなとこまで下りてきて、そげなことというンは」

どういうことか、と尋ねると、男性がその付近で作業をしていると、この十年間で三人ほどやってきて、川からひとの足が突き出ているから見に来たのだ、といったという。

皆なにもないことを間近で見て、首を傾げながら帰っていったそうだ。

当初Bさんは、鉄道橋から誰か飛び降りたのではないかと思っていたが、そんなものはなかった以上、自分の眼に見えていたものは、本物の人間ではなく、幻——つまり幽霊のようなものではなかったかと感じた。あるいは過去に、この場所でそのようにして亡くなってしまったひとの残像のようなものではないか、と。

すると、そんな考えを見透かすかのように、

「この橋から飛び降りたとか、事故で落ちて誰かおっ死《ち》んだなんて話、一度も聞いたこと

がねえもの。まァ、わしがここに来る前のことは知らんがよ」
そう年配男性は語ったそうである。

三十五、紫の花

保険外交員のRさんは過去に三度、首吊り自殺を発見したという。

最初は大学生のときで、失踪した友人を探しに常々彼が好きだといっていた小高い丘にある公園の藪のなかで、冷たく縊《くび》れた友人を見つけたのだった。

二度目は東北のある高原に交際相手と出掛け、森林公園を散策しているときである。

三度目は就職し、クライアント先の個人事務所を訪問したときだった。

そのいずれのときも、縊《い》死体の真下に見たことのない、小さな紫色の花が咲いているのをRさんは目撃した。

あえてそこを選んで首を吊ったのか、死んだ後に自然と生えてきたのかはわからなかった。

最初の二回は屋外とあって、そんな花が咲いていても不思議はないが、最後に見たのは建物のなかである。

鉢に植えられていたのか、床から生えていたのかの記憶がないという。

三十六、十八番ホール

元キャディのF子さんから聞いた話である。

F子さんの勤めていたゴルフ場では、最後の十八番ホールに子どもの幽霊が出るという噂があった。

F子さんはそれまで一度も見たことはなかったが、暖かな快晴の日でも、そこに行くと肌寒く感じることがあり、なんとはなしに行くのが厭だったという。

そんなある日、某一流企業の幹部役員のコンペがあり、F子さんは一緒に付いて回っていたが、件《くだん》の十八番ホールに来たところ、走り回る子どもたちがいる。

三人ほどいるが、皆まだ小学校にも上がっていないほどの年端もいかない男児たちで、なぜこんなところに、と思った瞬間、幽霊の噂話を思い出した。

しかし、どう見ても生身の人間としか思えない。

嬉々としてはっしゃいでいるが、幹部役員たちはまったく気にならない様子でプレーをしている。

それを見て、やはりこの子たちはそういうものなのだ、とF子さんは確信した。

グリーンに移動し、その日の優勝候補のひとりが外れようのないショートパットを打ったところ、カップのすぐ近くに立っていた男児がここぞとばかりにボールを蹴り上げ、グリーンオーバーしてしまったという。

打った本人をはじめ、その場にいた者たちは一様に愕いていたそうである。

三十七、夫の声

十年ほど前、主婦のS子さんが夫とふたりで群馬県のある有名な温泉宿に泊まったときの出来事だという。

夕飯の後、その晩二度目の入浴から戻ってくると、酒のせいか夫はすでに眠っていた。いびきをかきながら気持ちよさそうに眼を閉じている。

自分もそろそろ寝ようと、部屋を暗くして布団に横になった。

どれくらい経った頃か、突然耳元で、

「しぬということはダネー」

と、そんな声がしたので、夫が起き出したのかと思い、S子さんは躯を起こした。

しかし、いびきが聞こえているので、寝言だったのか、と再び横になると、

「しぬということはダネー」

妙な節回しでまた声が聞こえる。

すぐに携帯電話の明かりを夫のほうにかざしてみたが、少しも起きている様子はない。

するとまた、

「しぬということはダネー」

夫の唇はほんの少し開いてはいるが、どう見ても動いてなどいなかった。

腹話術のようにしゃべったとしても、あれほどはっきりと、滑舌よく話せるわけがない。それに声は隣の布団からではなく、すぐ耳元で聞こえるのだった。

夜が明ける頃まで、三十分おきに声が聞こえてくるので、ろくに眠れなかったそうである。が、どう考えても、それは長年連れ添った夫の声だったという。

三十八、バンドTシャツ

公務員のOさんの話である。

Oさんは大学生の頃、洋楽のロック・ミュージックを聴くのが好きだったという。

新譜の発売日になるとCDショップへ行き、誰よりも早く買い求める。それを繰り返し聴きこんで、同じ趣味の友人と話をするのが、なんともいえず楽しかったそうだ。

そんなある日、大学の構内で、アメリカのある人気バンドのロゴプリントが入ったTシャツを着ている男子学生を見かけた。自分もそのバンドが好きだったので、同じ趣味をもったひとかと嬉しくなったが、知らない顔なので話しかける勇気はなかった。

次の日も、男子学生を学食で見かけた。

昨日と同じTシャツを着ているので、そのバンドに熱をあげているのだろうと思った。

すると、その翌日も翌々日も、男子学生を構内で目撃した。

やはり同じTシャツを身に着けていた。それまで一度も見かけたことがなかったのに、四日連続で目撃するというのも奇妙な話だが、それは人気バンドのTシャツを着ていたことで、自分が勝手に意識し出しただけのことかもしれない。それまでにも頻繁に見かけていたのに違いなかった。

するとその翌日のこと。

男子学生が着ていたバンドのボーカリストが、壮絶な方法で自殺をしたニュースが報道され、Oさんは吃驚《びっくり》してしまった。

Oさん自身、そのバンドを気に入っていたこともあるが、このところ男子学生がそのバンドのTシャツを着ていることで、いつも以上に意識に上っていたからだった。

あの学生も相当ショックを受けているだろうな、とOさんは思った。

それからしばらく見かけることはなく、すっかり忘れていたのだが、翌年のある日、学食の端の席で、ひとりでカレーを食べている男子学生の姿を目撃した。

またバンドTシャツを着ているが、一般的にはあまり知られていない米国のマニアックなロックバンドのもので、コイツも相当ロック好きなんだな、とOさんはほくそ笑んだ。

話しかけたい衝動に駆られたが、なにかそうしづらい雰囲気があり、やはり声を掛けることはできなかった。

それから二日連続で男子学生を見かけた。その度にTシャツを見ると、やはり例のマイナーなバンドのものだった。今はあのバンドが好きなんだな、とそう思ったのだが——。

その夜、ラジオの音楽情報番組を聴いていると、学生が着ていたバンドTシャツのボーカリストが急死したというニュースが流れた。薬物の過剰摂取で、ツアーバスのなかで亡くなっていたとのことだった。

マイナーなバンドとあって、テレビや新聞でもボーカリストの死は報じられていなかった。インターネットが普及する以前のことなので、洋楽に関したニュースはそのラジオ番組が一番早かったのである。

学生がその死を知っていて、追悼の意味で着ていたのでは、とも考えたが、亡くなる数日前から着ていたのだから、それはありえなかった。

つまり、男子学生が数日間続けて着ていたバンドTシャツのボーカリストが、立て続けに亡くなっているのだ。

これは只事ではない。今度会ったら、思いきって声を掛けてみようと彼は思った。

しかしそれ以降、ぱったりと男子学生を見かけなくなった。

最初の数ヶ月は、たまに思い出すこともあったが、一年半ほど経ち、すっかり忘れていた頃、再び男子学生を構内で目撃した。

見ると、最近アメリカでデビューしたシンガーソングライターの、ファーストアルバムのジャケットがプリントされたTシャツを着ている。ハイトーンボイスが特徴で、知るひとぞ知るといった感じのミュージシャンだった。

これはまたマニアックな、と、つい嬉しくなったOさんは近づいていって、

「僕もそのアルバムが好きでさ。一曲目と三曲目なんか、すごくいいよね」

そう話しかけると、相手は一瞬、愕《おどろ》いた様子だったが、ああうん、といい、

「これ知っているって、君も結構好きなんだね。最近こればかり聴いているんだ。なんというか、魂が洗われる感じがするんだよね――」

と、そう答えた。

そこまで話したところで、男子学生は時計を見て、あっ行かなきゃ、といって、軽く頭を下げ、隣の校舎に向かって走っていってしまった。

以前のTシャツの件など、訊きたいことがたくさんあっただけに残念だったが、またそのうち会えるだろうとOさんは思った。

その翌日のことだった。

例のラジオ番組を聴いていると、昨日、男子学生が着ていたTシャツのシンガーソングライターが事故死したことが報じられた。

前回同様にマイナーなミュージシャンとあって、新聞やテレビで訃報は一切報じられていなかった。

もし男子学生が事故死を知っていたのなら、昨日すぐにその話題になりそうなものであ

る。しかし、そんな話はまったく出なかった。あの口ぶりからだと、訃報は知らなかったに違いなかった。

その後、大学を卒業するまで、男子学生を見かけることはなかった。なぜミュージシャンが亡くなる直前に、そのバンドのTシャツばかりを好んで着ていたのか、結局尋ねることは叶わなかったそうだ。

「つまり、その学生がTシャツを着たことで、海外ミュージシャンが三人続けて亡くなってしまったということですかね。Tシャツの呪いのような——」

そう私が問うと、

「東アジアの片隅に住んでいるイチ音楽オタクにそんな力はありませんよ。今ではこう考えているんです。死んでしまうミュージシャンを彼は嗅ぎ分けられたのではないかと。おそらく彼もそんな認識はなかったと思いますけど。そういうひとたちが放っている独特なオーラみたいなものに惹かれる体質だったんじゃないですかね」

柔らかな笑みを浮かべ、最後にOさんはそう語った。

三十九、見せしめ

会社員のJさんが南米の某国に出張した際、宿泊場所の予約が手違いで取れておらず、急遽、安ホテルに泊まることになった。

長旅の疲れか、すぐに眠りに落ちたが、突然ずしりとした重みを感じて眼が覚めた。

瞬時に強盗と思い、歯向かおうとしたが、躯《からだ》がいうことをきかない。見ると、毛深い男の手がJさんの二の腕をうえから抑えつけている。

が、その顔がまったく見えない。手を置かれている位置からすれば、当然、視界に入るはずだった。

声を振り絞って、「Ｖｅｔｅ（出て行け）！」と叫ぶと、急に躯が軽くなった。

すると、鍵を掛けていたはずのドアがひとりでに開き、次の瞬間、男らしき人物が逃げるように部屋から飛び出していくのが見えた。

しかし、その首がなかったのだという。

強盗ならば一喝したぐらいで逃げ出したりはしないはずだ。銃かナイフで自分を始末して終わりだろう。となると――。

「近年、麻薬の抗争が激化していて、殺人事件が尋常じゃないほど増えているんですが、ただ殺すだけでは飽き足らなくて、斬首は当たり前、生きながら顔の皮を剥いだり、手足を切断するのをネットにアップしたりしているんです。ですから、あれは生身の人間ではなくて――」

そういった形で殺されたひとだったのかもしれません。

後日、現地の取引先の知人にその話をすると、数ヶ月前、そのホテルの近くで、首を切断された死体が橋げたに吊るされていたことを告げられたそうである。

四十、桐の箱

高校教師のK子さんから聞いた話である。

K子さんの母が今の家に嫁いできた頃、ある夜中に近所の老夫婦の住む家で火災があった。火の手は早く、老夫婦は寝室で亡くなってしまった。

翌日の夜、K子さんの母が眠っていると、老夫婦が夢に出てきて、ふたり揃って、

「あんたすまんがのう」

という。

思わず、なんですか、と答えると、焼け残った和室に大事なものがあるから取ってきてくれないか、とのことだった。大事なものってなんですか、と尋ねると、

「桐《きり》の箱」

と、ただそれだけいって消えてしまった。

目覚めた後も夢の余韻を引きずっていたが、まさか本当のことだとは思えない。

桐の箱といっていたが、そんなものもあるはずがない。たとえあったとしても、あれだけの火事だったのだから、和室もなにもすべて燃えてしまっているに違いなかった。

しかし、その翌日、家はほぼ焼けてしまったのに、なぜか六畳の和室だけが綺麗に残っているという話を耳にして、吃驚《びっくり》してしまった。

夜中にこっそり起き出して、懐中電灯を片手に老夫婦の家に入ってみた。

すると、たしかに和室だけがなにごともなかったように焼け残っていて、消火による水の影響もさほどにはなかった。

壁際に大きな和箪笥があり、そのうえに二十センチ四方ほどの桐の箱がひとつ置いてある。

ああこれのことかと、手にしたとたん、その重たさに愕《おどろ》いた。両手でようやく持てるほどの重量で、やっとの思いで自宅に持ち帰ってきた。

明るいところで見てみると、蓋には鍵が付いていて、容易には開けられないようになっている。もっとも、工具で鍵を壊せば開くのだろうが、亡くなっているとはいえ、勝手にそんなことをしてしまうのは躊躇《ため》われた。

とりあえずいわれた通りに持ってきたのだから、また夢に出てくるだろうと、K子さんの母はそう思ったのだが――。

あれ以来、老夫婦は夢にまったく出てこなかった。

それでもいつかは、とK子さんの母は風呂敷に包んで納戸の奥にしまっておいたが、いつしかそのことを忘れてしまっていたという。

ところが、五年ほど前、卒然とそのことを思い出して、納戸へ見にいったところ、埃だらけの風呂敷に包まれて、桐の箱は元のままに置いてあった。

包みを解いて久しぶりに見てみようと持ち上げてみた。

すると——。

軽い。空の桐の箱程度しかなかった。

老夫婦の家から運び出すとき、あれだけ苦労したのになぜだろうと思った。

不可思議には感じたが、処分してしまうのもなんだか気が引け、そのまま納戸の片隅に置いてあるそうだ。

「結局、母は開けていないそうですが、なかに何が入っているのか、私は気になってしかたがないんです」

その話を母から聞いたとき、K子さんは鍵を壊してなかを見てみようと提案したが、断固として母は許さなかったそうだ。

あれほど怒った母の姿を見るのは、初めてのことだったという。

四十一、ハーモニカ横丁

　四年前、会社員のGさんのスマートフォンに、

「明日の十九時、吉祥寺のハーモニカ横丁の○○で待つ」

とメールが来たので、差出人を見ると、長く会っていなかった学生時代の友人からで、突然なんだろうと行ってみると、いつまで経ってもこない。

　すると三十分ほどして、違う学生時代の友人が現れて、Gさんと同じようにメールで呼び出されたという。

　ふたりで呑んでいると二十時になって、また別の友人がやって来て、これもまたメールで呼び出されたというのだった。

　しかし、呼んだ当の本人はいつまで待ってもこない。何時に呼び出されたのかと訊いたら、それぞれ三十分刻みで呼ばれていることがわかった。

　結局、三人で旧交を温めてその日は別れたが、後日になって、メールをしてきた友人は数日前に事故に遭い、意識不明の重体に陥って、ＩＣＵのなかにいたことが判明した。

　が、その後、意識を回復し、今では無事に退院して、家族とともに健やかに暮らしている。

呼び出した友人やGさんたちは、それまで一度もハーモニカ横丁へは行ったこともなく、特に皆の思い出の場所というわけでもなかったので、なぜそこで待ち合わせたのか、どうして三十分刻みだったのか、元気になった友人に尋ねても、不思議そうに首を捻るだけだった。

友人のスマートフォンには、メールを送った履歴が残っていたという。

四十二、律儀な客

書店を営むKさんの話である。

Kさんの店は商店街の一画にある自宅を兼ねた小さなもので、かれこれ三十年ほど細々と商売を続けてきたという。

ところがこのところ、深刻なほど本が売れないので、経営はかなり逼迫しているとのこと。そろそろ店を閉じようかとも考えているそうだが、ある理由で躊躇《ちゅうちょ》しているのだそうだ。

六年ほど前、Kさんの店の常連にTさんという老人がいた。

齢は七十代後半ほどと思われたが、囲碁が趣味らしく、決まった囲碁の雑誌を毎月買っていたそうである。

それが、ある日を境に姿を見せなくなったので、Tさんを知る近所のひとに訊いてみると、病気で亡くなってしまったというのだった。いわれてみれば、このところ一層老け込んだ気がしていたので、少なからずそんな予感はあったという。

そんなある日、Kさんがトイレに立って店に戻ると、レジの前に小銭が置かれている。

数えてみると百円玉が六枚あったが、こんなところに現金を置いたままにするわけがない。次の瞬間、誰かが本を買っていったのではないか、と思った。

「万引きをしようと思えば、できたはずだけどね。律儀にお金を払っていったんだなァ、とありがたく感じましたよ」

しかし、どの本が売れたのかわからない。

仕方なく端から見ていくと、どうやら囲碁の雑誌が抜けているようだった。金額は数十円お釣りが出るが、たしかに間に合っている。これまでTさん以外には、この雑誌を買う客はいなかったので、珍しいこともあるものだな、とKさんは思った。

ところが翌月も、翌々月も、トイレに立った隙にレジ前に小銭が置かれている。数えてみると同じ六百円で、すぐに雑誌コーナーに行くと、やはりあの囲碁の雑誌が失くなっているのだった。

トイレに行ったといっても、たかだか二、三分ほどのものである。

そのわずかな隙を縫って来店して本を選び、レジにお金を置いて帰るなどということは、どう考えても普通の人間にできる芸当ではない。

それも一度や二度ではないので、不思議でならなかった。

ふと、あの亡くなった老人ではないか、と思った。

俄かには信じられない話だが、それ以外には考えられない。もしそれがTさんであるのなら、すべてが腑に落ちるのだった。

しかし、半年ほど経った頃から、小銭が置かれることもなくなり、囲碁の雑誌が消失することもなくなったという。

「あの世もなにかと入り用で、きっとお金が尽きちゃったのかもねぇ」

そういってKさんは笑う。

閉店後にでも立ち読みに来ているかもしれないので、一番目立つ場所に置いているとのことだが、この五年間、その雑誌は一冊も売れていないそうである。

四十三、炊飯器

会計士のEさんの話である。

二十年ほど前、Eさんが大学に入学し、ひとり暮らしを始めたときのこと。

ある日、帰宅して自炊をしようと米を研ぎ、炊飯器にかけた。

炊けるのを待つ間、借りてきたレンタルビデオの映画を観ていると、ちょうどいいところで終了を告げるメロディ音が鳴った。

レトルトのカレーパウチを温め、さて米を皿に、と炊飯器を開けると、どうしたことか赤飯が炊き上がっている。

昔からEさんは赤飯が苦手なので、そんなものをわざわざ作るはずがない。

いや、これは本当に赤飯なのだろうか。

自分の知っているそれよりも格段に赤みが強い。それに小豆も入っていないようだし、なんだか鉄くさい気がした。

炊飯器は新品を買って二週間も経っておらず、初期不良にしても、こんなふうになる理由がわからない。取扱説明書を探し出してきてメーカーに問い合わせてみたが、そのような状態になるのは聞いたことがないため一度お送りください、とそればかり繰り返すので、生返事をして電話を切った。

とても食べる気がしないので、ひとくちも口にせず、流しにすべて捨てた。仕方なく近所のコンビニまで走り、レトルトの白米を買ってきてカレーを食べたそうだ。

修理に出すのも面倒なので、そのことは内緒で友達に格安の値段で売り払ったが、その後も特に文句をいわれることはなかった。

それからというもの、自炊をするのがなんだか億劫になってしまい、外食やインスタント食品ばかりで、結婚するまで炊飯器を買うことはなかったという。

四十四、革靴

十年ほど前、Tさんは男物の大きな革靴がひと組、路上に転がっているのを見かけた。

ひどくくたびれているので、新しい靴を買った者が廃棄したのだろうと思った。

それにしても、なぜこんなところに捨てるのだろうと思ったその瞬間、まるでひとが足を入れたように左右の靴の履き口がうえを向き、一足一足歩くように動きだした。

信じられぬ思いで後を追いかけていくと、道路脇の公園に入っていく。

すたすたすたすたと、なにか強い意志を感じさせる足取りで、敷地の端に設けられた公衆便所に向かっていった。

なんの躊躇《ためら》いもなく、女子トイレに入っていったという。

四十五、ダム湖

三十年ほど前、ある土木会社の社長が、ダムの建設現場で亡くなったという。

ダム湖に沈む予定の古い墓地の前で、地面に顔を突っ伏して死んでいたそうである。心筋梗塞《しんきんこうそく》だった。

そもそも社長自ら現場に赴くことなどなかったので、社員は皆不思議に思ったが、それ以上に不可解だったのは、発見されるまでの丸二日間、誰もいなくなったことに気づかなかったことだった。

その後の五年ほどの間に、社長の妻が病死、長男が自殺、次男が交通事故で亡くなってしまい、会社も潰れてしまったとのことである。

四十六、フィットネスジム

Fさんが通い始めたフィットネスジムには幽霊が出る噂があるという。

誰も使っていないはずのエアロバイクのペダルが物凄い速さで回ったり、ひどく痩せこけた蒼白い顔の男が頻繁に目撃され、その人物がベンチプレスで百キロを楽々と上げているのを見たという者もいた。

ジムの経営者はそんな噂を嫌がり、過去にそんな人物がいたかを五年前のオープンした当時まで遡《さかのぼ》って調べたが、そのような会員はひとりもいなかった。

もちろん従業員にも当てはまるような者はいない。が、この物件を紹介してくれた不動産屋の営業マンが、まさにそんな感じだったことを思い出した。

それで管理している不動産屋に電話を掛けると、当時三十歳ほどの優しい顔をした細身の営業マンは他店に移動したそうだが、つい半年ほど前に病気で亡くなっていることが判明したという。

「もし幽霊がその彼だったとして、どんな想いでここに現れているのか、それがよくわからないんです」

別に害はないですし、小ぢんまりとした居心地のいいジムなので、やめる気はないですけどね。

そうFさんは語る。

四十七、落葉

七十代の女性F子さんから聞いた話である。

二年前の晩秋のある日、玄関先を掃き掃除しているとF子さんは妙なことに気がついた。

数日前から庭の椛《もみじ》の木が真赤に紅葉し始めたが、やけに葉が散ってしまっている。

このところ風が強かった日はないはずだし、向かいの家にも同じような高さの楓《かえで》の木が植わっているが、そちらの葉はまったく散っていない。

強い風でなくても、気流の関係かなにかで、そんなふうになってしまうのかと、F子さんは思っていた。

翌日の午後、久しく会っていなかった知人が訪ねてくることになっていたので、お茶菓子の用意などをしていると玄関の呼び鈴が鳴った。出てみると、知人のC子さんで、あらあ本当におひさしぶりねえ、とひとしきり挨拶を交わし、寒いからなかへお入りになって、と告げたとき、C子さんが、

「おたくのご主人にも今挨拶してきたのよ。庭のお手入れ中で忙しそうだったから、私と気づいてないかもしれないけれど。でもまあ、おふたりともお元気そうでなによりね」

そういうので、血相を変えて外に飛び出したが、庭には誰もいない。

あらどうしたのよ、とC子さん。

「主人は半年前に亡くなったの。家族だけでひっそりと送ったから、お知らせしていなかったわ。ばたばたしていて、ごめんなさいね」

だから違うひとだったのだろうということになったが、自分の敷地に勝手にひとが入り込んで庭木を弄《いじ》っているというのは気持ちのいいものではない。

それに――。

C子さんが挨拶をしたとき、男は椛の前に立っていたが、彼女の眼には葉をむしっているように見えたというのだった。

折角、綺麗に紅葉しているのに変わったことをしているわね、とC子さんは思ったという。声を掛けても男は振り向きもせず、枝を見つめながら無言で手を動かしていたそうだ。

だいぶ以前に、夫とC子さんを数回会わせたことがあった。そのC子さんが、なんの躊躇いもなく声を掛けてしまうほど、男はF子さんのご主人に似ていたというのだった。

C子さんを見送った後、改めて椛の木の前に立ってみると、前日より明らかに葉が落ちてしまっている。

三分の一ほどしか残っていない。向かいの家の楓を見てみるが、まったく散っている様子は見られなかった。

C子さんのいっていた、男が葉をむしっていたというのを思い出した。夫によく似たひとが庭に入ってきて、勝手にそんなことをしている可能性もあったが、それよりもあるひとつの情景がF子さんの心をかき乱していた。

夫は七十歳を過ぎてすぐに、ある難病を発症した。進行が早く、ほどなく胃ろうを施され、寝たきりになった。最期は肺炎で亡くなったのだが、かろうじてひとりで動ける頃、枯れてもいない青々とした椛の葉を一枚一枚むしっていたのだった。

「あなた、そんなことしちゃ駄目じゃない」

そう口走ったとき、夫に認知症の症状が出始めたことを、F子さんは悟った。

難病とわかったときに、いずれそうなることを医師から告げられてはいたが、いよいよこのときが来てしまったのか、とF子さんは悲嘆した。

「ですから、C子さんが見たのは、他の誰でもなく、やはり主人だったと思うんです。どんな理由であんなふうに葉をむしるのか、私にはまったく理解できませんけれど」

今は車の停まっていないガレージの一隅に、落ちた椛の葉が吹き込んで、帯状に溜まっていた。

臨終の間際の、夫の形に見えたという。

四十八、新築祝い

昭和の終わり頃の話である。

自営業のFさんは、友人のDさんが家を新たに建てたというので、新築祝いを贈ることにした。

Dさんは愛煙家なので、少し高級な灰皿かライターのようなものがいいだろうと考えたが、そのことを母親に相談すると、

「そういうものは火事になるといって、縁起が悪いとされているよ」

そういわれ、思案の末、観葉植物を贈ることにした。

しかし、ありがちなものでは面白くない。方々探し回って、ハワイアン・ティリーフの大きな鉢を見つけてきた。

ハワイでは魔除けのために家の周囲に植えたりする、榊《さかき》のような役割を持つ神聖な植物で、古くからハワイの神Ｌｏｎｏ《ロノ》やフラの神Ｌａｋａ《ラカ》に捧げられてきたというので、新築祝いとしては、もってこいの代物だとFさんは思っていた。

家に招かれたときに渡すと、夫婦ともに大いに喜んでくれ、玄関を入ってすぐのところ

に置いてくれたという。

ところが――。

Dさん一家が住み始めて一ヶ月ほど経った頃、家が全焼し、夫妻とふたりの小さな息子の四人全員が焼け死んでしまったという。

煙草の不始末だろうかとFさんは思ったが、出火原因は結局不明なままだった。

「私があげた鉢は赤葉のティリーフだったんです。後になって、赤いものも火を連想させるから新築祝いにはよくないと聞きましてね。それを知ってから、Dさんの家族が亡くなったのは自分のせいじゃないかと考えるようになってしまって、それが辛かったですわ」

ハワイに自生している神聖な植物を、雰囲気だけ味わいたいからって、安易に日本に持ち込んじゃいけんのかもしれんねぇ――。

そうFさんは語った。

四十九、意思表示

不動産業のHさんに聞いた話である。

十三年前のある日、ひとりの中年男性が店を訪れて、近くでパソコン教室を経営しているが、引っ越したいのですぐに借りられる物件はないか、という。

どうしてそんなに急ぐのかと尋ねると、幽霊が出るからだ、というのだった。

現在入居している物件は、Hさんもよく知っているマンションで、その一室を借りてパソコン教室を開いているとのことだった。

そのマンションに幽霊が出るというのは初めて聞く話だったが、Hさんは妙に納得してしまった。風水やそういったオカルト的なことに疎いHさんでも、薄気味が悪い建物だと常々感じていたからである。

マンションは山を削り取った場所に建っており、その両脇には道路が走っているが、建物を挟む形で上りと下りのトンネルが掘られている。つまり二本のトンネルの間にいくばくかの土地があり、そこにマンションが建っているのである。

パソコン教室の経営者いわく、部屋の三方の窓を開けると、トンネルへと続く二本の道路と断崖絶壁が見えるのだそうだ。

Hさんはインターネット検索で建物の情報を見てみたが、バブル期に建てられたようで、内装は贅を尽くしているものの、やはり多少古臭さが感じられるものだった。

どういった怪奇現象があったのかと、Hさんは訊いてみた。

経営者によると、もやもやとした黒い影が、教室のなかを床といわず壁といわず、縦横無尽に歩くのだという。彼はもちろんのこと、従業員や生徒たちも目撃しているそうだ。

それだけではなく、数分前に机に置いたはずのものが忽然と失くなったり、無人の机が突然九十度動いたり、椅子が倒れたりする。冷蔵庫の扉が閉めたとたんにすぐ開く、水道の蛇口も閉めたはずなのに気づいたら水が出っぱなしになっている、というものだった。

まだその程度であれば、なんとか我慢はできたが、引っ越しを決めた出来事が、つい先日あったという。

それはどんなことですか、と尋ねてみると、

「裏の洗面台で手を洗っておったら、教室の電話が鳴ったんで、取りにいったんですわ。電話を切った後に、またトイレに行こう思って戻ってきたときに、ふと洗面台の鏡を見たら、赤い口紅みたいなもんで、大きく『×』印が書かれていて、うわッなんやこれ、もういられんわ、と。だって、そんな意思表示みたいなんは、初めてやったから——」

電話が鳴ってから切るまで、僅か一、二分ほどしか経っていない。
教室が始まる前で、部屋には経営者の男性以外、誰もいなかったそうである。

五十、景品交換所

十八年ほど前、左官工のCさんがパチンコ店を出て、景品交換所に向かっていると、

「換金所はどこですか」

そう背後から問われ、振り向くと、三十代前半ほどの男が立っている。

その手にしたビニール袋のなかに、景品のボールペンが束になって収まりきらないほど入っていた。

いわゆる三店方式のため、景品交換所の場所を店員が客に教えることができないので、同じように景品を持っている自分に訊いたのだろうと思った。

「まっすぐいって、この建物の裏手のどんづまりに——」

そう答えている最中に、

「ええ、しってますよ」

と男はいい、背を向けて換金所のほうに歩いていってしまった。

知っているのならなぜ訊くのか。それに、尋ねておいて自分より先に行くとは失礼な奴だな、とCさんは思った。

少し腹立たしい気持ちで裏手の細い道を歩いていくと、先ほどの男の姿が見えない。換金所の前にもいなかった。

あれだけ景品を持っていたのだから、換金には少なからず時間が掛かるだろうし、たとえ早く終わったとしても、必ず自分とすれ違うはずだった。

首を傾げながら換金所の前に立つと、前のひとの金額がデジタルで表示されていたが、Cさんの換えた額よりも一桁多かったという。

後から考えてみると、男が換金所に向かうとき、走っているふうでもないのに異様な速さだったそうである。

五十一、優等生

Iさんが高校二年生の中間テストのとき、クラスで一番優秀な女子生徒が、終了時間になっても一心不乱に答案用紙に向かって書き続けている。

先生が注意してもやめようとしないので、怒って用紙を取り上げると、今度は机のうえになにかを書き始めた。

先生は困惑した顔で、おいやめないかッ、と声を荒げたが、まるで聞こえていないようだった。すると、先生は答案用紙を見て、

「おい、なんだこれ」

といって、眼をまるくしている。隣の席のIさんがちらりと見ると、白い用紙が黒くなるほどびっしりと書き込まれていた。

そのまま十五分ほど女子生徒は机に向かってなにかを書き続けていたが、急にばたりと顔を伏せて、いびきをかきながら眠ってしまった。

保健の先生を呼んだが、お手上げだというので、救急車を呼んだが、結局その後一度も学校に現れることなく、退学してしまったという。

卒業して十年ほど経った頃、学年全体の大きな同窓会があり、その席で先生とあの日の話題になった。

「あの生徒は本当にできる子だったから、もったいなくてね。しかし、あの答案用紙を見たときは、愕《おどろ》いたなんてもんじゃなかった。なぜって、なんて書いてあるのか、さっぱりわからないんだから」

文字のようではあるが、日本語でも英語でもないようだった。他の科目の先生——日本史や世界史の教師たちにも訊いてみたが、誰しも首を捻《ひね》るばかりだったそうだ。

しかし、だいぶ後になって、テレビで古代インドの特集番組を観ているとき、遺跡から出土した甕《かめ》に彫られていた象形文字が映り、あの生徒の書いたものに似ていると思ったという。が、とっくに答案用紙は処分してしまっているので、どうにもたしかめようがなかった。

「退学した後、あの生徒は引きこもりのようになってしまったそうでね。家でもやはりあの文字のようなものをひたすら書いていたというんだが、それからどれくらい経った頃か、亡くなってしまったそうだよ。死因はよくわからなかったようだが——」

そう先生は語ったそうである。

五十二、鼻血

自称霊能力者のD子さんいわく、鼻血が出ると、邪悪なものが体内に入り込んでくるのだという。

邪悪なもの——それは単に幽霊というより、土地に蔓延《はびこ》るよからぬものや、その付近で亡くなったひとの残留思念のようなもの、だそうだ。

一旦、そういうものが入り込むと、鰻《うなぎ》の筒仕掛けのように溜まっていく一方で、取り込んでしまったひとは、それらとともに生きなければならない。

そして多くのひとは堕落した人生を送ってしまうとのこと。躁鬱《そううつ》や痴呆のようになったり、現代医学でも根治が難しい病気を抱えたりもする。自殺するケースも非常に多いのだという。

そんな説は聞いたことがなかったので、これはまた眉唾《まゆつば》な話だなと思っていたのだが、小学生の頃、私よりいくつか年下の幼馴染が、頻繁に鼻血を流していたことを思い出した。

その彼は、中学校に入学する直前にダンプカーに轢かれて亡くなってしまった。

当初は運転手の過失を疑われたが、複数の目撃者や運転手の証言で、迫ってくるダンプカーに子どものほうから飛び込んでいったことがわかった。

過去にそういう経験があったものだから、その妙ちきりんな説を聞いても、私は一笑に付すことができなかった。

五十三、腕

主婦のN実さんが中学一年生の頃、学校へ向かうために商店街のアーケードを歩いていると、道路の真ん中から人間の蒼白い腕が生えている。

右腕の肘から先の部分だったが、指が異様に長く、細かった。

それだけ見ると女性の腕のようだが、手の甲が妙にごつごつとしていて、盛り上がるように太い血管が浮き出ている。空手家のような拳ダコまであるので、男性の手なのかもしれなかった。

ラッシュアワーとあって、周囲にひとは多かったが、N実さん以外、その腕に気づいている者はいないようだった。

立ち止まり、信じられない思いで見つめていると——。

急ぎ足で通り過ぎていくひとたちに向かって、左右に手を振っている。

まるで別れを告げているように見えた。

そのことと関係があるのかわからないが、その日の夜、N実さんは初潮を迎えたそうである。

五十四、鳥塚

システムエンジニアのDさんの話である。

Dさんの自宅の近くに一軒の廃屋があるという。

平成十五年頃まではひとが住んでいたそうだが、それ以降は貸家となり、借り手がついても一ヶ月もたずに出ていってしまう。

いつしか、あの家には幽霊が出る、との噂が流れた。かといって、誰かがおばけを見たという具体的な話はない。

管理している不動産屋もそういった風聞に頭を悩ませたのか、定期的に庭の手入れをするなど、荒れないようにメンテナンスを施しているようだった。

そんなある日、Dさんが家の前を通ると、異様な臭気を感じた。

なんだろうと近づいてみると、庭にたくさんぼろ雑巾《ぞうきん》のようなものが落ちている。

鳥の死骸だった。

それも一羽二羽ではなく、鴉《からす》もいれば鳩《はと》や燕《つばめ》、雀《すずめ》や椋鳥《むくどり》や百舌《もず》のような小さな鳥までいる。鷲《わし》か鷹《たか》かわからないが、かなり大きな鳥まで横向きになって死んでいた。

その数は、百羽は優に超えていそうだったが、においもあり、とてもではないが数えることはできなかった。

以前、その家に住んでいたひとが鳥塚さんという名前だったことを、だいぶ後に近所の老人から聞いたが、鳥の死骸と苗字は関係なく、単なる偶然だろうとDさんは思った。

しかし、その老人いわく、鳥塚さんが住んでいたときから、庭で鳥が死んでいることが多く、とても困っている様子だったという。

その度、庭に穴を掘って埋めていたそうだが、さすがに厭になって引っ越したのではないか、と老人は語ったそうである。

不動産屋がまめに掃除をしているのは、幽霊の噂ではなく、鳥の死骸のためではなかったかと、現在そうDさんは考えているとのことだ。

五十五、漫画コンクール

漫画家のTさんの話である。

Tさんは小学生の頃から絵を描くのが好きで、学校でも授業はそっちのけで、教科書やノートにデフォルメした教師たちの似顔絵を描いては、友人たちに見せて笑いを取っていたという。

その頃、小学生対象の漫画コンクールがあり、本腰を入れて作品を描き上げ、応募してみた。

結果は落選だったが、講評が書かれていて、「絵は上手だが、話が少し暗いので、読んだひとが楽しくなるような話を描きましょう」とあった。

その後はなんだか漫画を描くのが愉しくなくなり、しばらく離れていたが、高校生になって、ふと再び絵を描きたくなり、子どもの頃より深くのめり込むようになった。

高校を卒業し、長いアシスタント期間を経て、プロになったそうである。

「メジャー誌ではありませんが、初めて連載をもらった雑誌のFさんという担当者がすごく親身になってくれたんです。歳が近かったのもあって、すぐに仲良くなって。でもある日、体調を崩したとかで、突然、会社を辞めて実家に帰ってしまったんです」

Fさんの故郷は四国だった。

偶々《たまたま》用事で近くに行った際、Tさんは声を聞きたくなって電話を掛けてみた。

すると、ああひさしぶりだねえ、とFさんは喜んでくれたが、その声に元気がない。

躯《からだ》の調子はどうなの、と尋ねると、今病院に入院しているのだという。

「それで見舞いに行ったんです。そうしたら――」

ひどく痩せこけた男がベッドに寝ていた。

Fさんはどちらかといえば、ふくよかなほうだったので、以前の面影はまったくといっていいほど残っていない。まるで別人である。顔色も黝《あおぐろ》く、いかにも具合が悪そうだった。

それでも起きようとするのをTさんは止めて、横に寝かせた状態で話をした。

「末期がんだということでした。そんなことは全然知らなかったので、ショックでしたよ。もう悩んでもはじまらないさ、と力なく笑っていたのが、いまだに忘れられません」

それからひと月ほど経った頃、Fさんが亡くなった報せを受けた。

そのとき、なにか心に強く引っかかるものを感じた。それがなんなのか、しばらくわからなかったが、葬儀に参列したとき、卒然とTさんは思い出した。

棺のなかのFさんに最後の挨拶を告げると、その足ですぐに自分の実家へ帰省した。

着くなり、小学生のときに漫画コンクールに出した原稿を物置の奥から探し出した。

すると――。

「一緒だったんですよ。僕が描いたキャラクターとFさんの名前が、一字一句違わない、同姓同名だったんです。漫画でも、病名こそ違いますが、その人物は深刻な病を患っていて、入院しているのを主人公が見舞うシーンがあるんですよ。結局、やはり死んでしまうのですが。そんなふうに小学生らしからぬ陰鬱な話なので、講評でも暗いと書かれてしまったんですね」

小学生の当時、それがきっかけとなってしばらく筆を執らなかったが、もし続けていたらどんな話を描いていたのか、考えると怖くなり、眠れなくなるという。

五十六、バックモニター

会社員のWさんが車を買い替え、初めて駐車場に停めていると、バックカメラが作動し、車体後方の映像がモニターに映った。

画面を見たとたん、慌ててブレーキを踏み込んでいた。

二、三歳ほどの女児が、膝を抱えるようにしゃがみこんでいる。

危なかった。カメラがなければ確実に轢いていただろう。

すぐに車から出て、後ろに回った。が、子どもはどこにもいない。

地面に手をついて車体の下も覗いてみたが、やはり誰もいなかった。

その翌日。

妻が近くのホームセンターに買い物へ行き、駐車しているときだった。

バックモニターが作動すると、小さな女の子がしゃがみこんだ姿が映っている。慌ててブレーキを踏んで外に飛び出したが、後ろには誰もいなかった。

その夜、ふたりで話し合って、駐車するときはバックで停めないようにしたそうである。

ちなみに車は中古車ではなく、新車のワンボックスカーだという。

五十七、金無垢の時計

十五年ほど前、Kさんの父親が、会社経営をしている知人の葬儀からひどく酔っ払って帰ってきた。

すると、見たことのない金無垢の、いかにも高級そうなスイス製の腕時計を着けているので、それどうしたの、と尋ねると、知人が亡くなる直前、時計をKさんの父親に形見分けするようメモ書きに記していたとのことだった。

知人といっても仕事上の付き合いで何度か顔を合わせたことがある程度で、一緒に呑むでもゴルフをするような仲でもなかった。

そんな自分に、このようなものをくれる道理が思い当たらず妙な感じはしたが、断るわけにもいかないので、もらって帰ってきたというのだった。

安月給の父にはまったく似合っていなかったが、すっかり気に入っている様子で、毎日吊るしの背広に合わせて着けていたそうだ。

すると、それからほどないある日の朝、父が倒れた。

通勤電車のなかで卒倒したとのことで、病院に運ばれたときにはまだ息はあったそうだが、Kさんが到着する寸前に亡くなってしまった。

毎年、健康診断を受けており、心臓をはじめ、どこも悪いところはなかったはずだが、大動脈《だいどうみゃく》解離《かいり》を発症していたという。

その後、腕時計はひとり息子であるKさんが譲り受けることになったが、どうしても使う気がしなかった。

金無垢が趣味でないというのもあったが、それを身に着けたふたりの人物が立て続けに亡くなっているのは、やはり只事ではないと思ったからである。

家に置いておくのもなんだか厭な気がし、思いきって買い取り店に持っていくことにした。いくらになるかわからないが、少し期待するところもあった。

すると――。

「精巧な偽物だといわれました」

なにかの間違いではないかと、別の質屋にも持っていったが、やはり同じようにいわれ、露骨に怪しい者のように接せられたという。

その帰り道、腕時計はコンビニのごみ箱に捨てたそうである。

五十八、ローザンヌのホテル

主婦のKさんの体験である。

今から三十年前、夫とヨーロッパ旅行に行った際、スイスのローザンヌにある有名なホテルに宿泊したそうである。

部屋に入ったとたん、女性の歌うような声が聞こえてくるので、ラジオかなにかあるのだろうと思った。

最初はシャンソンのような囁《ささや》き声だったが、次第に大きく、まくし立てるかのように早口になった。どうやらフランス語のようだが、なんといっているのかまったくわからない。

なにかひどく怒っているような感じだった。

荷解きもせず、クローゼットやベッド下などを見て回ったが、音の出るようなものはなにひとつ置かれていない。

夫に話してみると、なにをいってるんだ、というので、どうやら自分にだけ聞こえているようだった。まるで耳のなかに小さなスピーカーかなにかを仕込まれているように感じた。

疲れのせいかもしれないとも考えたが、それにしても怖くて仕方がない。

このままではシャワーも浴びることができないので、部屋を替えてもらおうと思ったが、そうしたところで声が収まるとはかぎらない。それにはっきりしたものがないので、フロントに苦情もいえず、結局、朝まで一睡もできなかったそうである。

ローザンヌには、他にも著名な思想家や作家の幽霊が出るホテルが数多くあるそうだが、不思議とスイス国民の殆どが、そういった心霊現象を信じていないという。

五十九、理由

知人のBさんから聞いた話である。

三十年ほど前のこと。

病気で幼い子どもを亡くした女性が、まったく気落ちした様子がないので、周囲の者はなぜだろうと思っていた。心配した近所の者たちが理由を尋ねると、

「子どもは死んでなどいませんし、いつも家のなかで、ほら、あんなに騒いでいるじゃありませんか」

そういうので、耳を澄ますと、たしかに部屋のなかから子どもの声が聞こえてくる。

皆不思議に感じたが、テレビかなにかだろうと、益々女性のことを不憫に思った。

それからほどない、ある日の朝。

女性はベランダで首を吊った。

殴り書きされた遺書には、

「あさおきたらあのこがいない」

ただそれだけが書かれていたという。

六十、ふたりの校長

会社員のWさんの話である。

小学三年生のとき、毎週月曜日の朝に体育館で行われる全校朝会での出来事だという。

いつものように校長が登壇し、挨拶をして話し始めた。

また長いのかと、うんざりした気持ちでいると、五分ほど経った頃から、校長の姿が二重に見えはじめた。

手の甲で数度、瞼《まぶた》のうえを擦ってみるが、重なって見えることは変わらない。

これまでにも眼の錯覚は何度もあったが、このように数分に亘《わた》ることは経験がなかったので、少し不安に思った。

すると、二重に見えている校長の後ろの輪郭が、一歩後ずさったかと思うと、つうと、一メートルほど左側に移動した。

つまり、ふたりの校長が壇上に立っているのである。だが、それ以上に愕いたのは、そのふたりがまったく異なった動きをしていることだった。

マイクの前の校長は生徒を見ながら熱心に話しているが、すぐ横に立つもうひとりの校長は、腕組みをしながら複雑な表情を浮かべている。かと思うと、急に地団駄のような足踏みをし、両手でもうひとりの自分の首を締めつけ始めた。

えっ、なんだこれ——。

周囲に眼をやると、皆ぼうっと、まだ眠たげな顔で話を聞いている。

やはり視界の異常なのかと思ったそのとき、体育館の壁際に立っている新任の女性教諭が、口元に両手を当てながら、眼を見開いて壇上を見つめていた。

それからどれほど経った頃かは忘れてしまったが、その年のうちに校長は亡くなってしまったという。

子どもだったこともあり、死因などは一切知らされなかったそうである。

六十一、粘土遊び

会社員のDさんの話である。

四歳になった息子が、粘土遊びを盛んにするようになった。

始めた頃は幼児らしく動物やお菓子といった可愛らしいものを作っていたが、ある日、

「パパ、これなんだかわかる?」

そう訊くので見てみると、小さくはあるが、リアルな人間の右腕だった。

四歳児がこんなものを作れるだろうかと眼をまるくしたが、その傍にこれもまた精巧な人間の顔のようなものがある。

それを手に取るなり、Dさんは言葉を失ってしまった。

兄の顔だった。

茶毘《だび》に付す前に、最後の別れを告げるため白布を取ったときの、兄の顔そのものだった。

「僕の兄は大学生のときに、ある大きな列車事故に巻き込まれて亡くなっているんです。ええ、あの有名な事故ですね。発見されたとき、右腕が肩からちぎれてしまっていて、どこにいったのかわからない状態だったんですよ」

——ねっ、すごいでしょ。

そういうと、息子は作った粘土細工をくっつけ合わせて、再びこね始めた。

時折なにかを作っては、ねえパパ見て、といわれるが、Dさんは生返事をするばかりだという。

六十二、猫

獣医師のNさんに聞いた話である。

三年前、Nさんの経営する動物病院に一匹の猫が持ち込まれた。サビの雌猫である。連れてきたのは、二十代半ばほどの女性で、普段は人懐こく甘えてくるのに、二、三日前から急に威嚇《いかく》行動を取るようになったという。

窓外に向かって唸りながら頭を低くし、背を丸めて体毛を逆立てる。シャーッ、と牙を剥いて啼くのだが、女性には特になんの気配も感じられなかった。

それだけならいいが、やたらと引っかいてきたりパンチをしてきたりするので、今日ここに連れてくるのも大変だった、と女性は語った。

たしかに猫によるものと思われる引っかき傷が腕の至るところにある。どこに相談していいのかわからないので、病院ならなにかアドバイスがもらえるかもしれないと思った、というのだった。

多頭飼いや他の動物がすでにいる場合、そういう行動があっても不思議ではないので、一応訊いてみたが、ペットはその猫一匹だけだという。

なにか病気が潜伏しているかもしれないので、検査と様子を見るために入院してもらうことにした。

血液検査をしたうえで、ステンレス製のケージに入れたが、特に変わったところは見受けられない。検査の数値も問題はなく、至って健康体といえた。餌もよく食べ、排泄も良好のようだった。

すると、その日の夜のこと——。

病院は宿直をしておらず、隣接した母屋に住むNさんが深夜に一度起きてきて、入院している動物を診て回るのだが、ケージのところに来た瞬間、例の猫がいなくなっているのに気づいた。

絶対に開かないようにしていたというのに、どうやって出たのだろう。扉は閉まったままだが、忽然《こつぜん》と姿が消えている。

すぐに診察室のなかを隈なく探してみたが、どこにも見当たらない。

まさか、と受付のほうに出てみると、待合室のソファのうえで、まるくなりながら自分の手を舐めているのを見つけ、心底安堵した。

愕《おどろ》かさないようにそっと近づき、優しく抱き上げて、再びケージのなかに入れたが、どうやって脱出したのか、いくら考えてみてもわからなかった。

その翌日。

朝一番に猫の飼い主の女性がやってきたが、なにやら落ち着かず怯えたような面持ちである。

どうされたのですか、と尋ねると、

「私、実はある男のひとにずっとストーキングされていたんですけど、昨日、私が留守にしている間に部屋に忍び込んだみたいなんです」

――ツキアワナイナラコロス。

そう書かれた紙が壁に貼られていた。その脇には果物ナイフも突き立てられていたという。

「もしかしたら、あの子はそういう予兆みたいなものを感じとって、必死になって教えてくれていたのかもしれません。私に迫っている危険を、あの子はきっとわかっていたんです」

いつもなら、気のせいですよ、と答えるところだが、昨晩の出来事を思い出し、Nさんは笑って返すことができなかった。

その後、女性はひっそりと他県に引っ越したそうだが、現在どうしているのかは知らないとのことである。

「猫は魔性の動物などといいますが、職業柄、今までそんなふうに神秘的な存在に思ったことは一度もありませんでした。でもそれ以降、猫を預かるときは少し緊張するんですよ」

——診察するだけなら問題ないんですけどね。

微笑みながら、そうNさんは語ってくれた。

六十三、さようなら

主婦のTさんが、かつて住んでいた町の外れに、古い小さな橋が掛かっていた。

彼女が小学三年生のとき、友人と自転車を押しながらその橋を渡っていると、さようならッ、という声が、どこからともなく聞こえてきた。

すぐに周囲を見回すが、一面畑があるばかりで、自分たち以外にはひとの姿は見えない。

「えっ、今、さようなら、って聞こえたよね」

愕《おどろ》いてそう訊くと、

「私はわからなかったけど、みんなそんなこといってるよ。FさんもSさんも聞いたって」

そう友人は答えた。

不思議だったので、夕飯の席でそのことを話すと、

「終戦間際にひとりの特攻隊員が、その橋のうえで見送りの家族と別れたそうだよ。それから聞こえるっていうね」

そう祖母がいったという。

六十四、刃物

二十年前、Jさんが河川敷を歩いていると、足元にカッターナイフが落ちている。誰かが落としてから、さほど時間は経っていないようで、汚れも錆《さび》も見当たらず、新品同様だった。

もったいないので、拾ってポケットにしまい込んだ。

駅前のスーパーマーケットで買い物をした後、通りがかった金物屋でペティナイフが安売りされていた。

特に欲しいわけではなかったが、破格なのでひとつ買い求めた。

自宅に向かって歩いていると、道路端に資源ごみが集積されており、どうしたわけか、パッケージに入ったままの真新しい出刃包丁が捨てられている。

悪いと思いながらも拝借し、鞄に詰め込んだ。

アパートに帰り、入手した刃物を三つ並べて見ているうちに、ふと死にたくなった。

どれでやったら一撃で逝けるか、などと考える。

出刃包丁をパッケージから取り出し、畳に膝を突いて腹を出した瞬間、家の電話が鳴った。

別れたばかりの妻からだった。そのとたん、眼が覚めたようになり、慌ててたくしあげていたTシャツを下ろした。

今まで死にたいなどと考えたことはなかったので、そんな感情を抱いたこと自体、不思議でならなかった。

このまま持っていたら、いつか本当にやってしまう気がし、その日に手に入れた刃物はすべて、資源ごみの集積所まで戻って捨てたそうである。

六十五、少女の声

N子さんがファミリーレストランで食事をしていると、背後の座席から中学生ほどと思われる少女の声が聞こえてくる。

「うちはお父さんとお母さん、ふたりとも死んじゃってるじゃん。お父さんは山で足を滑らせて事故死。お母さんは、それでうつ病みたいになって首吊っちゃったから――」

なんという会話をしているのだと、N子さんは思わず箸を止めたが、その内容にそこはかとなく既視感をおぼえた。

十数年前、まさにこのファミレスで、まったく同じ会話を友人から聞かされたのではなかったか。

少女の、その声やしゃべり方が、あの日の友人にそっくりだった。

――が、立ち上がって、その顔を覗き見る勇気はなかった。

いつのまにか、後ろの席は違う年配客に変わっていたという。

六十六、御輿

七年前、主婦のM子さんが心筋梗塞で入院していた父親を見舞ったときのことだという。

父親が入っていたのは四人部屋だったが、父の斜向かいのベッドに入院している高齢女性のところにも、知人と思しき見舞い客が来ていた。

すると、ふたりの会話がカーテン越しに聞こえてくる。

「本当にねぇ、病院というところは眠れなくて困っちゃうわ。少しうとうとできたかと思うと、妙な夢を見て起きちゃうから」

どんな夢かというと——。

理由はわからないが、女性は御輿《みこし》に乗っているのだという。

最初のうちは、揺られているのと高みから見下ろしていることで高揚感みたいなものをおぼえ、

「わっしょいわっしょい、ソレソレ、わっしょい」

と音頭を取りながら踊るのだが、やがて疲れてきたので御輿から降りようとすると、担いでいる者たちが、ものすごい顔で睨む。それで仕方なくまた、わっしょいわっしょい、

とやるのだが、再び降りようとすると、咎《とが》めるようにねめつけてくる。

もしかしたら永遠に乗り続けなければいけないのかと思うと、急に怖くなって眼が覚めるのだという。

「そういや、亡くなったうちのひとも同じようなことといっとったわ。病院で妙な御輿の夢を見るって。なんなんやろなァ」

女性は近く退院予定だったが、その二日後、容態が急変し、亡くなってしまったという。

六十七、コンビニのトイレ

Sさんのよく行くコンビニエンスストアには、深夜になると幽霊が出る噂があった。トイレを借りた者が用を足していると、しっかりと鍵を閉めたはずなのに、知らぬ間に開いているのだという。

当初は単なる鍵の故障と思われ、業者を呼んで新しいものに交換された。しかし、その現象は一向に止まらず、むしろ以前よりも頻繁に起きるようになった。

そのことで、幽霊の仕業という噂が流れるようになったそうだ。

その店の昼間のアルバイトに入っている、Sさんと顔なじみの大学生のK君が、幽霊の噂を気にし、色々当たって調べてみたところ、現在の店がオープンするだいぶ以前に、違うチェーンのコンビニが入っていたのがわかった。

そのときのオーナーが、経営難で資金繰りに困り、店内で自殺したことも判明したという。

亡くなったのは裏の狭い事務所だったようだが、今は休憩室として使っている部屋なので、知らないでいたほうがよかったと、K君は思ったそうだ。

しかし、怪異らしい怪異はトイレでしか起きないので、それが不思議でならないとのことである。

あまりにも苦情が多いので、客へのトイレの貸し出しはやめたという。

六十八、卒業旅行

会社員のYさんが、大学最後の年に仲の良い友人三人と米国のニューヨークに卒業旅行に行ったときの出来事だという。

到着した初日は、自由の女神やエンパイヤ・ステートビル、美術館やグランドゼロなどを見て回り、二日目はそれぞれ自由行動にした。

Yさんは特に当てもなく、タイムズスクエアの近くを散策していると、前を歩く母親と手を繋いだ栗毛色の髪をした三歳ほどの娘がくるりと振り向いて、イズダァイ、といった。少女の後ろにはYさんしかいないので、自分に向けていったのだろうと思った。が、なんのことかわからないので、聞こえなかった振りをし、そのままホテルに戻った。

そこで合流した友人たちとチャイナタウンで夕飯を食べ、その日は寝てしまった。

翌日、友人のひとりがセントラルパークに行きたいというので、皆で向かうことにした。折よく快晴だったので、芝生のうえに寝そべり、Yさんは眼をつむった。

しばらく経った頃、閉じた瞼のうえになにかの気配を感じ、眼を開けると、顔中そばかすだらけの七、八歳ほどの男児がYさんの顔を覗き込んでいる。一瞬ぎょっとしたが、子ども相手に怒るわけにもいかない。

どうしたの、と訊くと、

「イズダイッ」

そういうと、全速力で駆けていってしまった。

昨日の少女と同じ言葉のようだが、なんの意味かさっぱりわからない。

少年を追いかけて意味を質そうと思ったが、返答されたとしても、語学力があるわけでもないので理解できそうにない。そう思い、仕方なく諦めることにした。

友人に「イズダイ」とはどういう意味か知っているかと尋ねてみたが、皆一様に「なんだよ、それ」という。

子どもたちにからかわれているのかとも考えたが、このニューヨークで東洋人などまったく珍しくもないし、自分にだけそんなことをいわれるのが解せなかった。

そして最後の日。

ジョン・F・ケネディ空港の免税店で買い物をしていると、レジを打った若い男性店員が、なにも尋ねていないのに、首を何度も縦に振りながら、

「イエス、ヒィズ、ダイド」

顔を近づけながら、ゆっくりとそういった。

「ヒィズ、ダイド」とは He has died. の短縮形ではないのか。

そうであれば、「彼は死んだ」という意味である。ふたりの子どもにいわれた「イズダイ」とは「ヒィズ、ダイド」だったのではないか。

それにしても初対面の外国人から、そのようなことをいわれる理由がわからない。

しかも、そのうちふたりは年端もいかない子どもである。

ぎこちない笑みを浮かべ、商品を受け取ると、すぐに友人たちの元にいって、そのことを話してみた。すると、

「聞き間違いじゃねえのか。お前のリスニング力、どんだけ悪いんだよ」

そういって笑われた。


帰国後、自宅でスーツケースを開けて後片付けをしていると、携帯電話が鳴った。

出ると、旅行に参加したメンバーのひとりからで、ひどく慌てた様子である。

どうしたんだよ、と尋ねると、

「お前、まだ知らないのか。Bだよ、B。あいつ自殺したって。アパートで首を吊ったらしい――」

Bはとても仲の良かった友人で、卒業旅行にも一緒に行く予定だったが、あること――

大失恋をして――以降、就職活動も止めてしまい、大学にもまったく顔を出さなくなっていた。

同じ学部内に恋人だった女子学生がいたことで顔を合わせるのが辛いのだろうと、Yさんたちは考えていた。しばらく放っておけば自然に傷も癒えるだろうと、軽く思っていたのだった。

後に聞いた話では、失恋をきっかけにBは心を病んでしまい、元恋人の女子学生相手に悪質なストーカー行為を働いていたとのことだった。

自殺は警察から注意を受けた矢先の出来事だったという。

六十九、音楽会

主婦のF子さんの話である。

五年前に子どもの通っている幼稚園の音楽会があった。園内で催すには手狭なので、近くのコンサートホールを借り切って行われたという。

わが子の成長を見て、F子さんは思わず涙ぐんだ。周りの母親たちを見ると、やはり同じようにハンカチで目頭を押さえている。

無事に合唱と演奏が終わり、ビデオカメラを回していた夫に、

「ねえ、ちゃんと撮ってくれたの」

そう訊くと、撮影したばかりの映像を再生させながら、首を捻っている。ねえどうしたのよ、と尋ねても、夫はなにも答えなかった。

翌日、ママ友が家に遊びに来て、昨日の演奏を見ようということになった。

夫の書斎からビデオカメラを持ってくると、テレビに出力を繋いだ。

緊張した面持ちの、可愛らしい園児たちの顔をひとりひとり、カメラは映し出していた。

すると――。

「えっ、こんな子いたっけ」

そうママ友がいった。

見ると、たしかに見覚えのない女の子が、木琴の後ろに立っている。

その顔が、和紙のような白さだった。

すぐ隣にいる男の子とあまりにも違うので、画面から浮き立っているように見える。そこだけ照明が当たっているのかとも思ったが、それとは異なるように感じた。

一時停止ボタンを押して、ふたりでよくよく見てみたが、誰なのかわからなかった。

子どもが幼稚園から戻ってきた後、もう一度ビデオを再生させて、

「ねえ、この子、誰かわかる？」

そう尋ねてみたが、しらなーい、と答えただけで、すぐに違う部屋にいって人形遊びを始めてしまった。

夫の帰宅後、昼間ママ友と音楽会のビデオを観たことをいい、見覚えのない女の子が映っていることを告げると、俄《にわ》かに愕《おどろ》いた表情で、

「やっぱりそうなのか、気のせいじゃなかったんだな」

と、そんなことをいう。

夫の話によれば、撮影中はまったく気づかなかったが、直後に再生しているとき、画面

から浮き立ったように真っ白い顔の女の子が映っているので、こんな女の子いたかな、と思ったというのだった。

後日になって、あの日撮影していたカメラのいくつかで同じ現象が起きていたことが判明した。全員に訊いたわけではないので、正確な数はわからないが、複数そういった話があったそうだ。

それに木琴は全部で三台のはずなのに、映像にはどう見ても四台映っているので、これもまた説明のつかない出来事だった。

噂を聞いた幼稚園の先生たちも、そのビデオを見たそうだが、皆誰だかわからないといったという。

ただひとり、三十年以上そこに勤めている古参の先生だけは、映っている園児と同じくらい蒼白な顔になって黙り込んでいたそうである。

七十、君の名は

ひとり暮らしをしている大学生のR君が、夜中ベッドで横になりながら本を読んでいると、突然ベランダの窓が開いて、誰かが入ってくる。

自分と同い年ぐらいの若い男だが、どこかで会った気がする。が、誰なのかわからない。

それにしても深夜の一時である。

ひとの部屋に、それもベランダから勝手に上がりこんでくるとは、どう考えても普通ではない。

電灯は煌々と点いているのだし、ベッドにいる自分も見えているはずとあって、空き巣や押し込み強盗の類とも思えない。第一、まったくこそこそしていたり、悪びれたりしている様子が見られない。

と、そのとき、男の正体がわかった気がした。

小学生から中学生のときにかけて、父親の仕事の都合で転校ばかりしていたが、いつどこの学校かは思い出せないものの、そのなかの同級生の誰かに違いなかった。

「ええと、君の名前なんだっけ……」

そう尋ねた瞬間、煙が立ち昇るように男の姿は消えてしまった。

そのときようやく、男がこの世の者でないことを彼は悟った。

しかし、憶えのある顔というのは変わらない。

もっとも、名前も思い出せないので、どこの誰なのか調べようがなかった。

それにしても、なぜ今頃になって、ひとりの転校生に過ぎない自分の元に現れる必要があったのか、それがわからないのだとR君はいう。

七十一、サークル合宿

今から十五年ほど前、小学校教諭のBさんが、大学のスキーサークルの合宿に参加したときのことだという。

その日は朝から吹雪が強かったため、終日旅館にこもって読書でもしていようとBさんは思った。もっとも、スキー好きが集まっているだけあって、この程度なら平気だと外に出ていく者たちもいたが、さすがに耐えられなかったようで、

「一メートル先が見えないんだから、とてもじゃないけど無理だよ」

そういって、すぐに宿に戻ってきた。結局、全員で旅館に閉じこもることになった。

テレビや読書にも飽きた頃、皆でトランプでもしようということになったが、そのとき、新人部員の男子学生がひとりいなくなっていることに誰かが気づいた。

「おい、まさか出て行ってないよな。この吹雪じゃ迷ったら戻れないぜ」

名前を呼びながら旅館中を探してみるが、やはりどこにもいない。

これはまずいことになった、と全員が思った。

するとそのとき、旅館の玄関の引き戸が、がらがらがら、と音を立てて開いた。

皆で一斉にそちらのほうに向かうと、ピンク色のスキーウェアを着た若い女性が立っている。

見たことのない顔なので、サークル部員でないのはたしかだった。

女性は頭を軽く下げると、なにやら外のほうを指差している。

なんですか、と尋ねても同じ動作を繰り返すだけなので、おそらく喋ることができないのだろうと感じた。その動作がなにを意味しているのかBさんは瞬時に理解できたので、ブーツを履いて外に飛び出すと、指を差していた方角に向けて、大声で名前を連呼した。

すると、ほどなくいったブッシュのなかに青いものがちらりと見えた。

急いで向かってみると、いなくなった男子学生が、半分雪に埋もれるように倒れている。気を失っているようだが、呼吸はあった。肌に触れてみると、体温は高かったので、Bさんは心から安堵した。

すぐに皆で担いで旅館に戻り、ストーブの前で寝かせると、十分ほど経った頃、男子学生の意識が戻った。発見が早かったのが幸いしたのか、奇跡的に凍傷を患っているようなこともなかった。

雪崩《なだれ》に遭ったわけでもないし、なぜあの場所で意識がなくなったのかわからないと男子学生はしきりに首を捻っていたが、焦って帰ろうとしたことで過呼吸にでもなったのだろうとBさんは思った。

「彼を見つけた直後、教えてくれた女性にお礼をいおうとしたら、なぜかいなかったんですよ。どこを探しても姿が見当たらないんです。辺りは一面の雪原で、建物らしい建物といえば、僕たちのいる旅館が一軒ぽつんとあるだけでしたから、他に行き場所はなかったはずですが――」

いったい女性はどこへ消えてしまったのか。

いまだにサークル仲間と会うと、そのときの話題になるそうである。

しかしBさんは、女性がボディランゲージで教えてくれていたとき、満面の笑顔だったことを後になって思い出し、そのことがとても気になるのだという。

七十二、下着

会社員のFさんが、ある日仕事から帰ってくると、ベッドのうえに女性用のパンティが落ちている。

なぜこんなものが、と手に取ってみて急に思い出した。

学生時代に交際していた恋人が週末のお泊まり用に何枚か置いていたもので、別れた後も捨てるに捨てられず、クローゼットの収納ケースの奥にしまいこんでいたのだった。

ひとり暮らしとあって、空き巣かなにかの仕業かと思ったが、施錠は問題なくされているし、失くなっているものや荒らされたような形跡も特にはない。

久しぶりに下着を眼にしたことで、別れた女性のことが妙に気になりだしたが、いまさら電話を掛けるのもなんだか躊躇《ためら》われる。

しかし、いてもたってもいられなくなったFさんは、携帯電話にまだ登録されていた彼女の番号に電話を掛けてみた。向こうもこちらの番号を消していなければ、自分の名前が出るはずである。

もしそのままであれば、あの当時のひどい別れ方からすれば、まず電話には出ないだろう、とそう思ったのだが――。

十コール目で、はいもしもし、と相手が出た。

が、その声が、別れた女性に似ているが、少し違うような気もする。

「あっ、俺、わかるかな。Fだけど――」

そういうと、相手はしばらくの沈黙の後に、ああはいはい、といい、

「これお姉ちゃんの携帯なんですけど、今はあたしが使ってるんです。Fさんって、昔のお姉ちゃんの彼氏さんですよね。お姉ちゃんが死んじゃってから、名義だけ変えて、あたしがそのまま引き継いだんです」

まったく予期していない言葉だったので、Fさんは吃驚してしまった。

いつどうして亡くなったのかと尋ねると、半年ほど前に患っていた乳がんが悪化したのだ、というのだった。婚約を決めていた恋人もいたという。

「あの日、パンティがベッドに落ちていたのは、亡くなったことをどうにかして僕に伝えたかったのかなと思うんです。だって、そんなふうにでも考えないと意味がわかりませんから」

今年の春、Fさんは結婚するそうだが、下着はまだ捨てられないでいるという。

七十三、ノック音

大学講師のJさんが第一京浜道路を車で走っていると、必ず決まった場所で、こんこんこんこん、と運転席側のドアをノックする音が聞こえるそうだ。

最初は石でも飛んできて当たったのだろうと思っていたが、ボディには傷も付いていないし、毎回その場所で同じように音がするので不思議で仕方がなかった。

その音も日が経つにつれて、長く、尋常でないほど強くなってくる。

またそれが聞こえる度に我慢できないほどの吐気を催すので、通勤で使う道だったが、今はそこを避けて迂回しているとのこと。

そのことと関係があるのかは不明だが、五十年ほど前、そこから百メートルもない踏切で大規模な列車事故があり、百六十人以上が亡くなっているという。

七十四、指輪

主婦のM美さんの話である。

二十年ほど前、M美さんがS湖の遊覧船に乗っているとき、湖の真ん中ではめていた指輪を水中に落としてしまったという。

当時、交際していた恋人からもらったもので、内側に「K to M」と刻印が入っていた。婚約指輪でもあるまいし大げさね、と思っていたが、嬉しかったのは事実で、とても大事にしていたのだが、その頃ダイエットをして少し緩くなっていたので、なにかの拍子に外れて湖面に落としてしまったのである。

プールのような場所であればともかく、湖とあって探し出すことなどできない。諦めるしかなかったが、一緒にいた恋人にそれを告げることはできなかった。

その後も恋人は、M美さんが指輪をしていないことには気づいていないようだった。いつかは正直に話さないといけないとは思っていたが、ある日、つまらぬことで喧嘩をし、そのまま別れてしまった。

それから八年ほど経った頃、職場で知り合った男性とM美さんは結婚し、翌年に身ごもり、出産した。

そんなある日、自宅で子どもに乳を与えていると、ポストになにか落ちる音がする。見にいってみると、いくつか郵便物が入っていて、そのなかに白い封筒が一通紛れていた。消印はあるが、はっきりと判読できない。宛先にはM美さんの名前が書いてあるが、一画一画、定規を当てたような、変に歪な文字だった。差出人の名前はない。

なんだろうと、その場で開封してみると——。

指輪だった。S湖の真ん中で湖面に落ちてしまった、あの指輪である。そんなはずが、と内側を見ると、「K to M」と刻印されている。

出産後、少し太ったこともあり、指輪はちょうどいいサイズだったが、湖で落としたものが、なぜこんな形で戻ってきたのかと考えると、使う気にはならなかった。

誰がどんな方法で湖底から拾い上げたのか、想像すると背筋が寒くなった。

気味が悪いので、その日のうちに捨ててしまったという。

昔の恋人の仕業ではないかと思ったが、音信不通とあって、どこでなにをしているのかもわからない。

定かではないが、数年前に交通事故で亡くなったという噂も聞いていたので、結局のところはわからないままだという。

七十五、笠の男

十二年前の春のある夜、主婦のA弥さんが従姉妹の車の助手席に乗っていると、対向車がハイビームのまま近づいてくる。

夜間はハイビームが基本であることは知っていたが、住宅街を走る細い道路とあって、運転している従姉妹は迷惑そうに、

「あら、眩しい。いやねぇ」

そう呟いた。

すぐにロービームに切り替えてくるかと思ったが、対向車は気にしていないようで距離は次第に狭まってくる。

――いや、これは車のライトなのだろうか。もっと大きいなにかではないのか。

しかも対向車線を来るのではなく、自分たちの進む道路のうえを、こちら目掛けて突き進んでくるようだった。

従姉妹は慌ててブレーキを踏んだが、あぶないぶつかるッ、と思った次の瞬間、ふたりは車外に広がる風景に唖然とした。

深夜の十二時近かったはずなのに、空は一面の青空である。

それに住宅街を走っていたはずが、辺りには民家など一軒もなく、ただ黒々とした水を湛えた田園があるばかり。

なにが、どうなってしまったのだろう。

道路もアスファルトではなく、ぬかるんだ土がむき出しになった路面である。

あまりのことに言葉を失っていると、運転席のウィンドウに、ぬうっと男の顔が現れたので、ふたりは愕《おどろ》いて声を上げた。

男は頭に笠《かさ》のようなものを載せており、その縁が、かつんかつん、と窓ガラスに当たる。日焼けだろうか、真っ黒な肌をしていて、くたびれた着物を身に着けているが、その躯がひどく痩せている。が、ただ薄っぺらいのではなく、野生動物のような精悍さと強靭さを感じさせた。ぎろりとした眼差しは、露骨に不審なものを見る眼つきで、車内のふたりは蛇に睨まれた蛙のような心持ちだった。

男はひとしきり覗くと、首を傾げながら車から離れ、前へ歩いていく。

思っていたよりも小柄で、子どものような背丈だった。それまで気づかなかったが、手綱を握っており、その先には真っ黒い大きな牛が繋がれている。

糞を垂れながら、牛は車の横を興味なさそうに通り過ぎていった。

と、そのとき、空が俄《にわ》かに掻き曇ったかと思うと、墨汁を垂らしたように辺りは漆黒に包まれ、再び夜のしじまに戻っていたという。

七十六、バレンタインデー

自動車関連の工場を経営しているBさんの話である。

彼が高校二年生のとき、部活が終わって下駄箱で靴を取り出していると、すみません、と声がする。

振り返ると、背の小さな、見たことのない女子生徒が立っていて、無言でなにかを差し出してきた。

思わず受け取ると、包み紙に入ったチョコレートのようだった。それを見て、今日がバレンタインデーであることを思い出した。

圧倒的に男子が多い工業高校とあって、バレンタインなど自分には縁のないものと思っていた。

愕きのあまり、受け取ったものを手にしたまま固まっていると、女子生徒は恥ずかしそうに頭を下げて、廊下の向こうへ駆けていってしまった。

自宅に帰り、チョコレートを鞄から取り出そうとしたら、なぜか入っていない。

鞄の構造からして、どこにも落ちようがないので不思議に思っていると、鞄の底にふた

つに折り畳まれた小さな紙片が入っている。手紙があったのか、と広げてみると、高校生の女子の筆跡とは思えない乱暴な文字で、

「いつもみてる」

と、ただそれだけ書かれていた。

翌日、校内の女子生徒十八人全員を友人と隠れて見て回ったが、昨日の女子生徒を見つけることはできなかった。

欠席者はひとりもいなかったそうである。

七十七、黒塗りのタクシー

Bさんの実家の近くには広大な霊園があり、学校へ通うためには、その脇道を通らねばならなかった。

その道に時折、黒塗りのタクシーが一台、道路の端に寄せて停められていることがあった。考えごとをしながら歩いていると、ぶつかりそうになってしまうことがあり、迷惑だなとBさんは思っていたという。

そんなある日、いつものように霊園の脇道に入ると、例の黒塗りのタクシーが停まっている。

時間潰しか、仮眠でもとっているのだろう。

そう思いながら、車の真横に差し掛かったとき、ふいとなかを覗き込んでみた。

すると、座席を倒して男が横になっているが、腹のうえで手を組み、手巾《しゅきん》だろうか、白い布が顔に掛かっている。

「やはり寝ていたんだなと。墓地だけによく眠れるんだろうなあと、ほくそ笑みながら思ったんですけど――」

死んだひとのような姿勢で寝ていることが、妙に気に掛かった。眠るにしても、わざわざ、あのような体勢をとるだろうか。

帰宅後、父にタクシーのことを話すと、お前なにいってんだ、という。

「あの脇道は車が入れないようになっているじゃないか。だから、タクシーなんて停まっているはずがない。俺も毎日あの道を使っているが、そんな車なんて見たことないぞ」

考えてみれば、脇道の入り口には車が進入できないように鉄柱が埋まっていたではないか。

改めて思い返してみると、タクシーの車種は昔のドラマでしか見たことのないような、古くて、やけに角ばったフォルムのセダン車だった。それにボディに記載されていたタクシーの会社名も聞いたことのない名前で、字体がいわゆる昭和書体だったという。

「あのタクシーは、いつも洗車したてみたいに、ぎらぎらと黒光りしていたんです。高いところから俯瞰《ふかん》で見たら、きっと墓石に見えるのかもしれませんね。霊園だけに——」

最後にそうBさんは語った。

七十八、カラオケ大会

主婦のE子さんの話である。

八年前、E子さんはあるテレビ局が主催したカラオケ大会に出場したという。

E子さんが舞台に立って歌いだすと、客席のちょうど真ん中辺りに座っている観客の姿が眼に入ったが、どこか見覚えのある感じがする。

よく見ると野球帽を被っているが、そこに施された刺繍を見た瞬間、歌っている声が震えた。

アメリカの野球チームのもので、五年前に亡くなった夫が気に入って身に着けていたものと同じだったからである。

目深に被っているので顔ははっきりと見えないが、夫によく似ている気がした。そう思い始めると、いてもたってもいられない。

それでもなんとか歌い終えると、司会者とゲストの演歌歌手が近くに来て、E子さんに色々といってきたが、それどころではなかった。

すぐにでも近くにいってたしかめたかったが、本番中とあってそんなことが許されるわけがない。仕方なく後ろの出演者席に座って、観客席の帽子姿の男性を見つめた。

するると、向こうもこちらをじっと見ている感じがする。気のせいかとも思ったが、まるで彼女に、よくやった、というふうに二度ほど頷いた後、指で庇《ひさし》を少しだけ持ち上げた。

その刹那、E子さんは危うく声を出しそうになった。

夫だった。

亡くなったあのひとが、観客席に座っている。

そう思うと、どっと熱いものがこみ上げた。慌ててハンカチを取り出したが、涙が溢れ出て止まらない。

それを見た隣席の出演者が、どうしましたか、と訊いてきたので、

「歌い終わったら、なんかほっとしちゃったみたいで。まったくいやねぇ」

そういって誤魔化したが、最後までうわの空で、結局、誰が優勝したのかも憶えていないという。

終わった後、すぐに観客席のほうに行ってみたが、野球帽を被った男を見つけることはできなかったそうである。

七十九、帰還

大学生のRさんの話である。

二年前、Rさんは友人たちとサイパン旅行に出掛けたという。

現地に降り立つと、すぐにマリンスポーツをして愉しんだが、それもひと通りやり尽くすと、観光をしようということになった。

レンタカーを借り、ビーチサイドを走っていると、友人のひとりが、バナデロ（ラスト・コマンド・ポスト）に行ってみないか、といった。

サイパンといえば、太平洋戦争の激戦地であることは知っていた。日本軍が最後に司令部を置いた場所とあって、興味はあるものの、Rさんは多少の恐怖心があったという。

実際に足を踏み入れると、想像とはだいぶ異なり、燦々《さんさん》と明るい日差しの降り注ぐ場所で、怖さといったものは感じなかった。

欧米人の観光客もたくさんいて、廃戦車に腰掛けたり、朽ちた機関砲の横で記念写真を撮ったりしているので、日本人としては複雑な気持ちになった。

窪地に作られたトーチカや岩肌に残った米軍による攻撃の痕跡を見ていると、粛然とした気持ちを抱いた。

その後は近くにあるスーサイドクリフに向かった。

この崖から米軍の捕虜になることを拒んだ多くの日本兵や民間人が身を投げたことは、知識としてあるものの、その光景の筆舌に尽くしがたい美しさに思わず魅了された。

この風景のなか死んでいかねばならなかったひとたちの心境や、当時の状況に思いを巡らすと、もはやなにも言葉を発することができなかった。それは友人たちも同じようで、皆、押し黙ったまま手を合わせたり、神妙な面持ちで崖下を見つめたりしている。

それから同じように集団自決のあったバンザイクリフに行ってみた。

紺碧の海が一望できる岬とあって、一万人以上が亡くなる悲劇があったとは思えない景観だったが、白い慰霊碑が見えてくると、自然と厳粛な気持ちになった。

と、そのとき、ひと筋の冷たいものが頬を伝った。

あれっ、と思っていると、次から次へと涙が溢れ、ついには止まらなくなった。

気づくと地面に両手を突きながら肩を揺すって泣いているので、周囲の友人たちはひどく心配し、車に連れていこうとしたが、Rさんは、

「もう少し、このままでいさせてくれ」

そう懇願したという。

もっとも、これは後に友人から聞いたことで、そんなことをいった記憶はないそうだ。結局、一時間ばかり、その場で泣き崩れたままなので、見かねた友人たちが強引に車に乗せ、ホテルに戻ったそうである。

「宿に帰ると、けろっとした感じで元に戻ったんです。あれは本当に不思議な体験でした」

帰国後、土産を持って実家を訪れると、父親が、

「なんだお前、サイパンに行ってたのか」

という。

なにも知らせていなかったので、当然の反応だったが、なにか思案気にしているので、どうしたのか、と尋ねてみると、

「いや、祖父《じい》さんが――お前にとっちゃ曾祖父《ひい》さんだが、たしかサイパンで亡くなってるんだよ」

曾祖父が戦争で亡くなったのは知っていたが、サイパンで戦死した事実は知らなかったので、そのことに吃驚した。

しばらくして、近所の寄り合いから帰ってきた祖父に訊くと、やはり曾祖父《そうそふ》が亡くなったのは、サイパンであることに間違いなかった。

「詳しい場所はわからないそうですが、僕がバンザイクリフであんなふうになったことを思うと、曾祖父さんはあそこで亡くなったような気がしてならないんです」

それ以降、Rさんの身に特に変わったことは起きなかったが、実家の仏壇に供えた水が一晩のうちに半分以上減っていたり、置いたはずの蜜柑が忽然と失くなったりすることが頻発するようになったという。

「もしかしたら、曾祖父さん、僕に付いて帰ってきたのかもしれませんね」

そうRさんは語ってくれた。

八十、メール霊

公務員のYさんから聞いた話である。

五年ほど前、中学校時代の同窓会が開かれることになり、当時の同級生のT君に連絡するよう幹事の者に頼まれた。

仕方なく引き受けたが、電話番号もメールアドレスもわからない。

それで現在も連絡を取り合っている何人かにメールを送って、T君の連絡先を知っているひとはいないかと尋ねてみたところ、そのうちのひとりが、おれ知ってるよ、と返信してきた。

そのアドレス宛に同窓会がある旨を書いて送信すると、一分と待たずに返事が来た。

ひさしぶりの挨拶もなしに、

「行くわけねえじゃん、てか、行けるわけねえだろ」

と、ただそれだけ書いてあった。

中学時代、T君は内気でまったく目立たないタイプだったので、会わなかった十数年の間にずいぶん性格が変わったものだなと、Yさんは意外に思った。

それから二週間後の同窓会の日。

会場になっている居酒屋の座敷に上がると、知った顔がたくさんある。だいぶ変化を遂げた者もいるが、皆まだ当時の面影が残っていた。

すると、端の席にT君が座っている。

来ないといっていたはずなのに、予定がついたのだろうか。

誰ともしゃべらず、俯《うつむ》き加減でいるところなど、中学時代の彼そのものなので、なんだ全然変わってないじゃないか、とYさんは近づいていって、横に座った。

「お前、来られないっていってたけど、大丈夫だったのかよ」

そう訊くと、ようやく顔を上げて、

「えっ、なんのこと」

という。

「なんのことって、メールでお前がそう返してきただろう」

そう答えると、そのようなメールはもらっていないという。そんなわけはないので、携帯電話の送信済みフォルダーに入っているメールを見せると、

「たしかにメールアドレスは合っているけど、こんなメール、僕は見てないよ。それに返信もしていないし。今日のことも、一昨日、あいつに初めて聞いたんだよ」

やはり地味で目立たないタイプだったDという男のことを指差しながら、そういった。

すると、T君はなにを思ったのか、もう一度いいかな、とYさんの携帯電話を奪うように取って、繁々とメールを眺めている。

どうしたんだろうと思ったら、

「この日付、僕はメールを見られるわけがないんだよ。実は病気で入院していたんだけど、退院したのがつい四日前なんだ。しかも、このメールの日、僕は朝から手術を受けていたから――」

メールの送信時間を見ると、午前十一時五分とあった。Tさんからの返信はその約一分後だったが、その時間、Tさんは手術の真っ最中だったというのである。

「全身麻酔の躯から幽体離脱してメールを返した、なんて莫迦げたことも考えてみましたが、ありえませんよね。僕の携帯に残っている彼のメールは、ある意味、幽霊みたいなものかもしれません」

そうYさんは語った。

八十一、ランナー

会社員のSさんから聞いた話である。

Sさんの趣味はマラソンで、毎日朝夕のランニングは欠かさないという。

三年前の、そんなある日に体験したことだそうだ。

朝五時に起床し、いつものように自宅近くにある大きな公園に向かう。

その外側を必ず三周走るのを、Sさんは日課にしていた。雨の日も風の日も、台風が来ても休むことはなかった。

腕時計のストップウォッチを押し、まだ薄暗いなかを駆けていく。

この数年、飛躍的にランニング人口が増えているので、初冬の早朝にもかかわらず走っているひとはちらほらといた。

みんな走ることが好きなんだな――と、そんなことを思っていると、すぐ隣に帽子を目深にかぶった四十代ほどの男が併走するような形になった。

半袖のTシャツにハーフパンツという格好なので、走っているとはいえ、寒くはないのだろうか、とSさんは感じた。

なにか話しかけてくるのかと思ったが、なにもいわずに男は前を見つめている。追い越してくれればいいものを、それもしないので、些《いささ》か苛立《いらだ》ちをおぼえた。

顔を向け、軽く頭を下げてみたが、こちらのほうには振り向きもせず、一糸乱れぬフォームで男は走り続ける。

振り切ってやろうと、ダッシュに近い速さまでペースを上げたが、男はすぐ真横にくっついてくる。いいかげんにしてくれと、ほとんど徒歩のような速度まで落としてみたが、やはり同じようについてくるので、

「おい、いったいなんなんだ、あんたはさっきからッ」

立ち止まってそう怒鳴ると、男もぴたりと止まった。

すると、無表情のまま公園の外壁に、まるで吸い込まれるように消えてしまったという。

それ以来、公園へ行くのはやめて、近くの河川敷の堤防を走っているそうである。

八十二、行方不明者

中部地方のある町で、農業を営むKさんの話である。

Kさんは三十歳をいくつか過ぎたくらいだが、次代の農業のリーダーとして地域で期待されているという。

その彼が三年前に経験した出来事だそうだ。

霜の降り始めた初冬の、ある日の朝。

Kさんが畑のビニールハウスに向かっていると、ピンポンパンポーン、と町内放送のチャイム音が流れた。

「昨日、午後十時頃から、町内○○地区にお住まいの○原×雄さん、七十三歳が行方不明となっています。特徴は、身長百六十三センチ、体型は中肉で髪は白く薄め、服装は青いパジャマ姿、サンダルを履いており、自宅を出たまま行方がわからなくなっています。このようなひとを見かけた方は――」

防災無線の放送だった。

高齢者の多いKさんの町では、認知症患者の徘徊が増えており、週に二度はこのような放送を耳にするので、またか、と思って聞いていた。

その後はすっかり放送のことを忘れていたが、夕方になって、またチャイムが鳴ったので、無事に見つかったのかと思ったら、

「朝の放送の行方不明者ですが、本日午後四時ごろ、A河川の中洲付近にて無残な水死体となって発見されました。ご協力ありがとうございました」

そうアナウンスされたので、思わず耳を疑った。

普通、警察によって保護された場合には、無事に見つかった、というだろうし、不幸にも死体で見つかった場合でも、発見された、と放送するだろう。

「無残な水死体」などとアナウンスするのは普通ではない。

しかし、どう考えても聞き違いではないので、自宅に帰って、その放送を聴いたかと家族の者に尋ねると、誰もそんなアナウンスは耳にしていないという。

翌朝、町役場に勤める知り合いに電話を掛けて、そのことを訊いてみると、

「その行方不明者は、たしかに川で水死体で見つかったけど、まだ放送はしていないはずだというんです。それにアナウンスしたとしても、水死体で発見、なんて絶対にいうはずがないと――」

考えてみれば、朝の放送は若い女性だったが、夕方のそれは中年か、もっと年嵩のいっ

た男性だったことを思い出した。

行方不明者の放送は女性がするのが常だったので、そのことにも違和感をおぼえたという。

「まさか、自分のことをアナウンスしていたんじゃないだろうなって――」

そうKさんは語った。

八十三、卵

四年前、主婦のN子さんが冷蔵庫を開けると、買ってきたばかりの鶏卵がひとつ失くなっている。

誰の仕業かと家族の者に尋ねると、

「うん、ちょっと僕が」

と小学三年生の息子がいった。

なにに使ったのかと問うと、自分の部屋に行って小箱をひとつ持ってきた。なかを覗くと、ティッシュペーパーをクッション状に敷き詰めた真ん中に、卵がちょこんと載っている。

「神棚に飾ってるんだよ」

と、そんなことをいうので、詳しく訊きだすと、自分の机の辞書を並べていたスペースを空けて、神棚にしているのだという。そこに小箱に入れた卵を置いているというので、この子は大丈夫だろうか、と心配になった。

すると、翌日の早朝、入院していた夫の父親が亡くなったことを知らせる電話があった。

家族で病院へ向かうため、息子を起こしにいくと、神棚の卵が、かたかたかたかた、と動いている。

そんなはずはないが、孵化《ふか》でもするのではないかと思い、N子さんは気味が悪くなった。

寝ている息子を起こし、早く顔を洗って着替えなさい、と部屋から出すと、その隙に小箱に蓋をして部屋から持ち去った。

病院へ行く途中、紙袋に入れたそれを、駅前の公園のごみ箱にそっと捨てた。

帰宅後、卵が消えていることに気づいたら息子は怒るだろうと思ったが、不思議なことになにもいわなかったそうである。

八十四、消灯

Nさんが旅行先で鄙びたリサイクルショップを見つけ、なにか掘り出し物はないかと物色していたところ、ふと尿意をおぼえたので店員にトイレはないかと尋ねると、店の裏手にあるという。

行ってみると物置のような粗末な建物で、年季の入った和式の便器がひとつあるだけだった。

暗いので灯りを点け、用を足す。手を洗って出ようとしたとき、「使用後は必ず消灯してください」とドアに張り紙がされているのを見て、壁のスイッチをオフにした。

するとその瞬間、

「けさないで」

たったいま使ったばかりの便器のほうから、そんな声が聞こえたので、Nさんはもう店には戻らず、逃げるように旅館に帰ったそうである。

八十五、ひとり風呂

会社員のEさんが小学二年生のときのことだという。

ひとりっ子だったEさんは、それまで入浴は両親のどちらかとしていたが、友達たちがひとりで入っていると聞いて、

「今日はひとりでお風呂に入るから」

そう母親に告げた。

ひとりでちゃんと洗えるのかしら、と母親は疑わしそうにしていたが、宣言した手前、もう引くに引けない。それで夕飯の後、ひとりで風呂に入ったという。

いつもやっている通りに最初に躯を洗い、湯船に浸かった。

ひとりで入るのは寂しくはあったが、バスタブがいつも以上に大きく感じられ、躯を伸ばしてバタ足などをしてみた。

するとしばらく経って、脱衣所に母親が来たようで、扉に顔を近づけて、平気なの、と訊いてきた。

「大丈夫だってば。向こうに行っててよ」

そうEさんが答えると、ちゃんと泡を流してから出なさいよ、と母親はいい、脱衣所から出ていった。

その後、頭を洗っていると、また脱衣所に誰かがいる気配がする。

一瞬、父かと思ったが、その頃毎日のように帰宅が遅かったので、また母親だろうと、

「だから平気だってばッ」

頭を洗いながらそう怒鳴《どな》ったが、なんの反応もない。

あれっおかしいなと、瞼《まぶた》の泡を流して、薄目で脱衣所のほうを見ると、すりガラスの入った扉に、くっつかんばかりに母親が顔を近づけている。

――いや、母親と思ったが、違う。全然、違う。もっと若い女のようだった。

すりガラス越しではっきりとは見えないはずなのに、鼻の横の大きなホクロまで見える。

するとその顔が、がくん、と床すれすれのところまで一気に落ちた。まるで手に持った生首を地面に落としたかのようだった。

床のうえに顔があるということは、腹ばいになっているのだろうか。

そう思うと、Eさんは怖くなって、

「お母さんッ、お母さんッ」

と大きな声で連呼していた。

どうしたのよ、といいながら母親が脱衣所に入ってくるのと同時に、その顔は忽然と消えた。

泣きながらEさんは今起きた出来事を話したが、母親はあきれたように笑っているだけだった。

翌日、珍しく父親が早く帰宅したので、一緒に入浴することになった。

浴槽に浸かりながら、

「なんだお前、昨日ひとりでお風呂に入ったそうじゃないか。えらいな。でも、しっかりと躯は洗えたのか」

そう父親が訊くので、昨晩のことを話すと声を立てて笑った。

しかし、女の鼻の横に大きなホクロがあったことをいうと、急に父親は黙り込み、ぶくぶくぶくと口のうえまで湯に浸かって、眉間《みけん》に深い皺《しわ》を寄せていた。

Eさんが先に出た後も、一時間ほど入ったままだったという。

八十六、口ぐせ

主婦のS子さんの義父が、亡くなってしばらく経った頃、おじいちゃん見たよ、とふたりの息子たちがいった。

S子さんは、気配すら感じたことがないが、週に一度は、

「今日もおじいちゃん、家のなかにいたよ」

と、ふたり揃って、そんなことをいう。

しかし、義父は生前、テレビの心霊番組を家族で観ていると、

「くだらん、そんなものいるわけがないだろう、莫迦らしい」

そういうのが口ぐせだったそうである。

八十七、カメラマン

ある地方都市で飲食店を営むKさんに聞いた話である。

Kさんの店の近くに世界的に有名な観光名所があるそうだが、そこに専属のカメラマンが何人かいるという。

勝手に観光客の写真を撮って、一枚千円で売るのである。もちろん必要なければ断ればいいのだが、見ていると多くのひとが買っていくとのこと。

そのカメラマンのなかに、ひと際エキセントリックな人物がいた。

ひとり言を呟いていたかと思うと、急にげらげらと大きな声で笑い出す。撮影している間も奇声を発したり、ひとりで怒っていたりするので苦情が出そうなものだが、そのカメラマンが撮った写真には、かなりの確率で幽霊のようなものが写るので、ある好事家が大量に買っていくそうだ。

写真の腕自体は、たいしたことはないという。

八十八、渓流釣り

会社員のNさんは渓流釣りが趣味だという。

今から十五年前の初夏、Nさんが地元の河川の本流域で釣りをしていると、水面になにか黒いものが見え、自分の垂らしている糸のほうに吸い付くように流れてきた。

その瞬間、竿を引かれる感覚があったので、なんの魚だろうと引き上げてみると、なにか布のようなものだった。忌々《いまいま》しく思いながら針を抜いて広げてみると、成人のものと思われる黒いTシャツである。また川のなかに捨てるのもマナー違反なので、持参していたビニール袋に入れ、再び糸を垂らした。

イワナを数匹釣ったところで昼飯を食べると、少し場所を変えてみることにした。

ざぶりざぶりと水のなかに入っていき、釣り糸を垂らしていると、なにか大物が掛かったようなアタリを感じた。

すぐに引き上げてみると、靴のようなものだったので、Nさんは吃驚《びっくり》してしまった。

手にしてみるとたしかに革靴で、成人男性のものである。水を吸っているのでかなりの重さがあり、どうしたらミャク釣りをしている針にこんなものが引っ掛かってくるのか、と不思議でならなかった。

それも捨てるわけにはいかないので、仕方なくビニール袋に入れた。

気を取り直して続けていると、一時間ほどのうちに大型のヤマメとウグイが数匹釣れた。

そろそろ帰ろうかと、最後のひと振りをすると、すぐに軽く引かれる感覚がある。これでお終いだな、と引き上げてみると、またなにか妙なものを釣り上げてしまったようだった。

二つ折りの革財布だった。

なかを見てみると、流れてしまったのか、札や小銭の類はなかったが、クレジットカードとなにかの会員カードが数枚、それに運転免許証が入っていた。

この持ち主が落として見つけられなかったのだろうと思い、それも洋服や靴と一緒に袋に入れ、その日は帰宅した。

翌日も休みだったので、近くの警察署に赴き、ビニール袋から財布を出して事情を説明した。ついでにTシャツや靴も釣り上げたことをいうと、それは漂流物だから市役所に届け出るようにいわれたが、一旦、警察ですべて保管することになった。

その後日のこと。

財布の持ち主が判明したという連絡があった。

しかし、その持ち主は、十日ほど前に海に近い下流域で水死体となって発見されているというのだった。一緒に釣り上げたTシャツや靴も、その男性のもので間違いなさそうだという。

十日も前に海に近いところで発見されたひとの持ち物が、なぜ本流域にとどまったままだったのか、それを同じ日に三つも釣り上げてしまったことが不思議でならなかった。

警察もその点を不審に思ったようで、根掘り葉掘り、いろいろとNさんは訊かれたが、自分の知っていること以外には、なにも話せることはなかった。

警察の口ぶりでは、事故と自殺の両方の可能性があると見ているようだったが、亡くなった者の、なにか見えざる意思のようなものをNさんは感じたという。

その後、どうなったのか、Nさんは一切知らされなかったそうである。

八十九、家賃の行方

三十年前、イギリスに留学していたFさんに聞いた話である。

渡英当初、Fさんはウインブルドンでホームステイをしていたが、ホストファミリーの干渉に嫌気がさして、ひとり暮らしをすべくロンドン市内にフラットを借りたそうである。

建物は古いセミ・デタッチドハウス（二軒長屋）で、部屋はお世辞にも清潔とはいえなかったが、家賃が週払いで六十ポンドだというので、他の物件と比較しても一番安かったそうだ。

大家は近くに住む老婦人で、毎週月曜日の朝に、部屋の飾り棚の引き出しに家賃を入れておけば、留守中に取っていくということだった。

大家とはいえ、合鍵で勝手に部屋に入られるのは受け入れ難かったが、別に貴重なものがあるわけでもないし、異国でもあり、そんなものなのか、と思ったという。

入居して三週間ほど経った頃、Fさんはインフルエンザに罹患《りかん》して、床に臥《ふ》せっていた。ひどい熱と節々の痛みにこらえていると、その日が月曜日の朝であることに気がついた。

家賃を払わなければならない。

幸い財布に六十ポンド程度は入っているので、銀行に行く必要はなかった。

しかしベッドから起き出て、飾り棚の引き出しに家賃を入れることも億劫だった。それでもどうにか終えて、再び横になり眼を閉じると、どれくらい経った頃だろうか、がちゃがちゃと部屋の鍵を開ける音がする。

さては大家が来たのかと思っていると、ドアから顔を出したのは老婦人ではなく、腰の曲がった年老いた男だった。

すぐに大家の夫だろうと思い、重い躯《からだ》を起こそうとすると、いいからいいから、というふうに手でジェスチャーをしてくる。それに甘えて横になったままでいると、老人はベッドサイドの肘掛け椅子に座り、じっとFさんのことを見つめた。

家賃は引き出しに入っています、といおうとすると、なぜか声が出ない。やはり、と躯を起こそうとしたが、どうしたことか少しも動かない。

しばらくして老人は立ち上がると、飾り棚のほうに歩いていき、引き出しを開けた。家賃の入った封筒を持つと、ドアに進み、そのまま出ていった。

それからまたベッドでうつらうつらしていると、ドアノブを廻す音がする。またさっきの老人かと思ったら、大家の老婦人だった。

「あら、ごめんなさいね。留守かと思っていたのよ。あなた、具合が悪いのかしら」

そういうので、

「ええ、インフルエンザに罹《かか》ってしまって。ですから、あまり近くに来ないほうがいいですよ。家賃ならさっきご主人が持っていきましたが」

上半身を起こしながらそういうと、ご主人ってなんのことかしら、という。それで先ほどのことを話すと、

「私の主人はとっくに亡くなっていますよ。きっとあなた、夢でも見たのではないかしら」

そういいながら大家が飾り棚の引き出しを開けると、家賃の封筒が入っていない。

「ですから、さっきご主人が持っていったのですが――」

すると、大家は怪訝な表情になって、

「そんな嘘までついて、あなた家賃が払えなくなってしまったんでしょう。若いから、きっといろいろと必要で使い込んでしまったのね。それではこうしましょう、来週の月曜日にまた来ますから、二週間分を引き出しに入れておいてくださいな」

それだけいうと、反論を待たずに出ていってしまった。

困ったことになった。

夫でないのであれば、あの老人はいったい誰だったのだろう。

泥棒なのか。

しかし、あんな年寄りの泥棒がいるものか。たとえそうだとしても、住人の眼の前で、あれだけ堂々と盗みを働けるものだろうか。それに飾り棚に金が入っていることを知っていたのだから、事情を知っている大家の身内と考えるほうが自然のことのように思えた。

しかし、そんなことで言い争って追い出されるのも面倒だった。部屋はそれなりに気に入っていたし、六十ポンドであればなんとか工面できそうだったので、仕方なく払うことにした。

それから数日後、体調が少し良くなったので、家賃を持って直接大家の自宅を訪れた。二週間分をまとめて引き出しに入れておくようにいわれたが、またあの老人が来て持っていかれたら、たまったものではない。

Fさんの訪問を大家は愕いていたが、

「あなた、躯は大丈夫なのかしら。温かい紅茶を一杯飲んでいきなさい」

そういって、家のなかに招じ入れた。

ちょうど息子夫婦が孫を連れて遊びに来ていたので、リビングで挨拶を交わしたそのとき、マントルピースのうえに飾られたフォトスタンドを見て、Fさんは言葉を失った。

あの老人だった。

すると、脇に立っていた大家が、

「これが亡くなった私の主人ですよ。どうかしら、あなたの見たひととは違うでしょう」

少し揶揄《からか》うような口調でそういった。

「……ええ、違いますね」

自分でもわからないが、なぜかそう答えていたという。

それ以降、家賃は引き出しに入れずに、大家の元へ直接持っていくようにしたとのことだ。

老人は二度と現れなかったそうである。

九十、寝言

公務員のHさんが四歳の頃、夜中に突然「おとうさん、しなないで!」といったので、両親はふたりとも吃驚して跳ね起きた。

父親は「そんな夢を見たのか、大丈夫だよ」といって固く抱きしめてくれたが、まさにその日の午前中、仕事場で建築中のビルの足場から落下して、亡くなってしまった。

どんな夢を見たのか、まったく覚えていないが、ただ無性に寂しい気持ちになって、昼過ぎに家の電話が鳴るまで、めそめそと泣いていたことは記憶にあるという。

九十一、プラットホーム

三年前、銀行員のDさんが外回りのため電車が来るのを待っていると、プラットホームの端の地面にひとの影が映っている。

ふらふらと歩いているように見えるが、なぜかその影の持ち主の姿がない。

なんだろうと思ったそのとき、ファーン、とけたたましい警笛を鳴らして、通過する特急列車がやってくるのが見えた。

ホームに差し掛かった瞬間、影は吸い込まれるように線路のほうに消えた。すると、電車は急ブレーキを踏み、緊急停車した。

あちこちから叫び声がする。

先頭車両のところまで見にいってみると、運転席の窓ガラスの下側が大きくひび割れていた。

その中心部分に少しだけ赤いものが見える。

六十代の男性だったという。

九十二、死角

三年前、Tさんが東名高速道路を走行していたときのこと。

前の車が遅いので追い越し車線に移り、スピードを上げた。走行車線は車が多く、つまり気味だったので、しばらくこのまま走ることにした。

左側の車を次々と追い抜き、さてそろそろ戻ろうかと、ルームミラーを見た瞬間、ちらりと白バイの姿が映った。

マズい、と思った。

三十キロ以上は超過していたので、三点減点となってしまう。そうなると、累積もあって免停は免れない。やっちまったな、と諦めの気持ちでルームミラーを再び見ると、白バイの姿が消えている。すぐに両方のサイドミラーも見るが、やはり姿が見えない。

さては死角にいて突然出てくるのだろう、と身構えていたが、いつまで経っても前に来ない。

——と、そのとき、けたたましいサイレンの音と赤色灯だけが、Tさんの車の真横を通過していったという。

九十三、火球

歯科助手のF子さんが小学五年生の頃だという。

夏休みのある夜、家族で花火を愉しんでいたときのこと。

打ち上げ花火が終わり、残りは手持ち花火だけになった。

F子さんは線香花火を母親から手渡され、蝋燭《ろうそく》の炎で火をつけた。

ぱちぱち、と松葉のような火花が散るのが、なんとも可愛らしかった。

——あっ、終わっちゃう。

そう思った瞬間、先端に小さな火球ができ、少しずつ大きくなってくる。落ちないよう動かさずに見ていると、それが突然、子どもの拳ほどの大きさに膨らんだ。

唖然としていると、三年前に他界した祖母の顔になった。

「そのことにも吃驚《びっくり》したんですけど、真っ赤な顔なので、すごく怒っているように見えて、怖くなっちゃって——」

振り落とし、足で踏み消したという。

その日はちょうどお盆の最中《さなか》だったが、友人と遊んでばかりで、ろくに仏壇に手を合わせなかったことを戒《いまし》めるため、あのような形で出てきたのではないかと、F子さんは考えているそうだ。

九十四、洗車場

二年前の冬の、ある夜のことだという。

会社員のHさんは、ガソリンスタンド内に設置されたドライブスルー洗車機に入った。

雪解け道を走ったせいで、ひどく車が汚れていたからである。

翌日は朝から恋人と遠出する予定だったので、夜のうちに洗車を済ませておきたかった。

百円玉を三枚、機械に投入すると、停止線で止まり、エンジンを切った。

四方八方から水とシャンプー液が掛けられて、巨大なモップが轟音《ごうおん》とともに回転しながらボディを洗っていく。

ボンネットからフロントガラスのほうにせり上がってくると、怪獣の舌で舐められているような奇妙な感じをおぼえた。

——と、そのとき。

つい先ほどまで暖房を点けていたはずなのに、ぞくりと背筋が寒くなった。

視線がわけもなくルームミラーのほうに移る。

誰かが乗っている。

助手席の後部座席に、見たことのない若い男が座っていた。

そう思った瞬間、男の鼻の両穴から、ごぼごぼごぼごぼッと、凄まじい量の血が溢れ出たので、すぐに後ろを振り返ったが、誰も乗ってなどいなかった。

「時間にしたら二、三秒ほどのことですから、怖いというより吃驚した感じでした。この眼ではっきりと見ましたので、絶対に幻覚なんかではありません」

洗車機脇に用意されているタオルで最後に拭き上げをするつもりだったが、濡れたまま自宅へ帰ったとのこと。

後日、友人の知人がこのガソリンスタンドで働いていることを知り、過去に洗車機でひとが亡くなるような事故がなかったか尋ねてみたが、そんなことは一度もないといわれたそうである。

しかし、そこのオーナーの息子が、五年前に交通事故で亡くなっていることを告げられたという。

九十五、ダイヤモンド

土木関連会社に勤めるEさんが若い頃のことで、今から二十年ほど前の話だという。

その日、仲間たちと居酒屋で呑んでいると、隣席の見知らぬ男たちに因縁をつけられた。

店では迷惑になるので、皆でぞろぞろと外に出るなり、男たちは殴りかかってきた。

Eさんの仲間も血の気の多いほうだったから、負けじと応戦し、くんずほぐれつの体になった。

Eさん自身は喧嘩を好まなかったが、加勢しないわけにもいかないので、ふたりほどぶちのめすと、一番凶暴そうな男がハンドバッグに手を入れてなにかを取り出したようだった。それがきらりと光った瞬間、折りたたみナイフであることがわかった。

男はまっすぐにEさん目掛けて突っ込んでくる。交わすまもなく、ものすごい勢いで躯の中心にぶつかってきた。

死んだと思った。

痛みを感じる前に、その当たった衝撃で地面に倒れこむと、したたか頭を打ち付け、そのまま意識を失ってしまった。

目覚めると、白い壁に囲まれた部屋でEさんは天井を見つめていた。

ここは天国だろうか、いや地獄なのか——そう思っていると、近くに看護婦と思しき若い女性がいて、

「ああ、眼が覚めましたね」

といった。

生きてるんですかオレ、と訊くと、

「生きているもなにも、躯は怪我ひとつしていませんよ。頭をちょっと強く打ったぐらいで」

とても信じられなかった。ナイフが胸に刺さったことはたしかなのである。それで怪我をしていないなどということが、あるはずがない。

そうこうしていると、担当の男性医師が現れて、

「本当に信じられない話ですが、救急隊員が通報で駆けつけたとき、あなたの胸——ちょうど心臓の部分にナイフが突き刺さっていたというんですよ。でもまったく失血していない。おかしいと思って見てみると、着ていたダウンジャケットのポケットに財布が入っていて、そこで食い止まっていたというんです。長年、私も医者をやっていますが、こんなことは初めてですよ」

財布で止まっていたとは奇跡以外のなにものでもなかった。

しかし、厚い革財布というのならまだしも、Eさんが持っていたのは中身の薄い合成皮革の安物だった。あの勢いで刺されたのなら、簡単に貫通してしまいそうなものである。財布を見せてもらうと、狙い澄ましたように、ちょうど中央部分にナイフが突き刺さった痕が残っていた。なかを検《あらた》めてみると、数枚入った札はすべて刃先状の穴が開いている。

――と、そのとき、Eさんは信じられないものを見た。

札入れに生まれたばかりの子どもの写真を入れていたが、それのどこにも傷がついていない。まるで写真がEさんを守ってくれたかのようだった。何度見返しても、そうとしか思えなかった。

「そのとき、まだ子どもの名前を付けていなかったんです。それで刃物――鋼よりも強いものはなんだろう、と。妻と相談して、ダイヤモンドから取って、大矢《だいや》という名前にしました」

その後、子どもは大きな病気もせず、すくすくと育った。小さいうちから親も心配するほど勉強に打ち込み、世間で超一流といわれる大学に昨年合格したという。

「自分でいうのもなんですが、親に似なくてよかったとしみじみ思いますよ。俺に似ちゃったらアレですから」

そう照れくさそうにEさんは笑った。

九十六、隣家の主人

主婦のD子さんが高校三年生のときのことだという。

夜の十時ごろ、自宅の部屋で勉強をしていると、どこからともなく焦げ臭いにおいがしてくる。

なんだろうとカーテンを開けたら、隣家の窓からもくもくと煙が出ていた。

火事だ、と思った瞬間、消防車のサイレンが近づいてくるのが聞こえた。

すぐに家族に隣の家が火事だと伝え、外に出てみた。

すると、すでにちらほらと野次馬たちが集まってきている。そうしている間にも、窓という窓から勢いよく黒煙が吹き出し、天井に火が回っているのが見えた。

すぐに消火活動が始まったが、野次馬のなかに隣家の六十年配の主人と奥さん、それに夫方の年老いた母親の三人が、力なく立ちながら、燃えさかる自宅を眺めていた。

それを見て、無事だったのか、とD子さんは安堵した。

隣ではあるが、その家は敷地が広く、庭の真ん中に建物があるので、よほどの風でも吹かないかぎり、延焼はしそうになかった。

家が焼けてしまったのは不運だが、こうして命だけでも助かったのだから、またやり直せるだろう。とはいえ、皆高齢とあって、そのことが心配ではあった。

二時間ほどで消火活動は終わり、D子さんも自宅に戻った。

そろそろ眠ろうかと思ったが、先ほどの火事で頭が冴えてしまい、とても寝られそうにない。すると、玄関のチャイムが鳴る音がする。

時計を見ると、深夜の一時半を回っていた。

家族はすでに寝ていたので、すぐに玄関に行き、どなたですか、と尋ねると、隣の○○です、という。

それを聞いて扉を開けると、隣家の主人がひとりで立っていて、

「夜分遅くにすみません。いやあ、こんなことになってしもうて、この先どうしたらええもんやらわかりませんけど、とにかく、今日は大変ご迷惑をおかけしました」

そういうと、深々と頭を下げて帰っていった。

その翌朝。

新聞を読んでいた父が、

「隣の家族、みんなダメだったらしいぞ」

といった。

そんなはずはない。

昨晩遅くに、詫びの挨拶にきたことを告げると、夢でも見たんじゃないのか、と父はいった。

新聞によると、三人の家族全員が、同じ部屋のなかで焼死体で見つかったということだった。

それでは自分が見たものはなんだったのか。あのとき、寝ていなかったのはたしかなので、夢であったはずはないし、幻覚だったとも思えない。

するとその日の夕方、学校から帰ってくるなり、母親が興奮した面持ちで、

「あなたがいっていたこと、嘘じゃなかったのね。昨日の深夜、隣のご主人がこの辺の家全部に挨拶しに来たらしいわよ」

母親がD子さんの体験を近所の主婦にいうと、うちも来たのよ、と青褪めながらそう語ったという。

すると、焼けた家の前で周辺の者たちが集まって井戸端会議のようになり、それぞれの家に挨拶に来たことがわかったそうだ。

皆そのときは、助かってよかった、と思ったそうだが、新聞の報道を読んで、愕《おどろ》いたというのだった。

「出火の原因が特定できなかったみたいですが、介護疲れからの無理心中ではないかという噂も流れました。もしそれが本当ならやりきれない話です」

その後、家は解体され、現在では四棟の小ぢんまりとした建売住宅が建っているという。

九十七、奴隷

自動車工場に勤務するTさんの話である。

三年前、勤務先で仲良くなったフィリピン人の同僚をアパートに呼んで酒を呑んでいると突然、

「歌が聞こえないか」

という。

テレビも点けていないし、隣室の音が洩れているのかと思ったが、Tさんにはそんな歌声などまったく聞こえなかった。しかし、以前寝ようとしたとき、何度か同じように感じたことがあったので、どんな歌かと尋ねてみた。

すると、しばらく耳を澄まして、

「なんか聞いたことがある気がするよ。なんだろう、これフィリピンの歌じゃないかな。

——うん、たぶんそうだよ」

しかし、アパートにはフィリピン人は住んでいないし、再び聞き耳を立ててみたが、やはりなんの音も聞こえなかった。

数日後の昼休憩のとき、先の同僚がTさんの隣の席に座って、

「あの曲の名前わかったよ。出だしのところを友だちの前で口ずさんだら、『アリピン』っていう曲じゃないかって」

一時期、フィリピンで流行《はや》った曲なので、同僚も聞いたことがあったそうだ。

『アリピン』はタガログ語で奴隷を指すが、この曲はラブソングなので、恋の奴隷という意味とのことだった。つれない女性に対して、募る男の恋心を歌ったものだという。

それからしばらく経った頃、同じアパートの住人で、そこに二十年以上も住んでいるという初老の男性と、近所の呑み屋で偶然顔を合わせた。

そのときに、なんとはなしに先日の話をしてみたところ、

「そうか、あんた知らなかったんか」

そういって、焼酎で口を湿らすと、男性は訥々《とつとつ》と語り始めた。

今からちょうど十年前、ひとりのフィリピン人がアパートに住んでいたという。

技能実習生として来日した若者だったが、陽気な性格でいつも鼻歌を口ずさんでいた。

母国に恋人がいるといって、頼みもしないのに写真を見せてきたが、どうみてもタレントのブロマイドのようだった。

建設関係の会社で働いていたようだが、ある日、高所作業中に転落して、不幸にも亡く

なってしまったというのだった。

「あんたの同僚が聞いたっちゅう歌声は、その若者の声だったんやないか」

顔を近づけ、声を潜めながら男性はいった。

「——ということは、その彼は僕の部屋に住んでいたということですか」

固唾を呑んでTさんが尋ねると、

「いいや、わしの隣の部屋だったから、あんたの真下やな。なんやようわからんけど、成仏できずに、あのアパート自体に住みついてるんやないか」

微苦笑を浮かべて、男性はそう答えた。

Tさん自身は、はっきりと声を聞くことはないので、その後も住み続けているそうだが、例のフィリピン人の同僚を呼んでも、なんだかんだ理由をつけて断られるという。

九十八、最後の言葉

「これは幽霊の話ってわけではないですけど――」

そう前置きをして、大手宅配会社でドライバーをしているEさんは語り始めた。

六年前の夏の、ある日のこと。

時折、荷物を届けることのある独居老人の住む一軒家にEさんは向かった。

いつものように塀の横にトラックをつけると、ガラガラガラ、と家の窓が開いて、住人である七十代前半ほどの老人が、こちらに向かって軽く手を上げながら、

「あっ、どうもどうも。今いきますから」

そういうので、Eさんも頭を下げると、荷物を持って、玄関の呼び鈴を押した。

が、一向に出てこない。しばらくその場で待ってみるが、まったくドアを開けてくれる様子がないので、再度呼び鈴を押してみたが、結果は同じだった。

電話かなにか掛かってきて出られないのではないか、と彼は思った。

若いひとなら電話をしながら荷物の受け渡しぐらいは、どうということはないだろうが、老人となると同時にはこなせないのかもしれない。

仕方なく、また後で来ることにして、他の配達先を回った。

三時間ほど経って、再び老人の家に行って呼び鈴を押してみたが、やはり出てこない。その間ずっと電話を掛けているなどありえないので、高齢でもあり、もしかしたら部屋のなかで倒れているのではないか、とEさんは感じた。

会社にどうすべきか連絡をしたところ、すぐに警察へ通報するよう指示を受けた。

それからしばらくして警察官がやってきたが、玄関が閉まっているので、庭のほうに回ったようだった。そちらの窓は施錠されていなかった様子で、こんにちは、といいながら、居間と思しき部屋の掃き出し窓を警察官が開けた瞬間、欄間《らんま》に老人がぶら下がっているのが見え、Eさんは肝を潰してしまった。

警察官の表情も俄《にわ》かに険しくなり、すぐに無線で応援を要請した。

Eさんは通報者なので事情聴取されることになり、その日はもう仕事にならなかったという。

「老人が窓を開けて僕に挨拶をしてきたとき、実はすでに死んでいたとなると怪談っぽくなりますが、死後三時間ということでしたから、やはり僕が会ったときはまだ生きていたんです。なぜかわかりませんが、僕と挨拶を交わしてから老人は首を吊ったんですよ」

老人が自分に向かっていった言葉の意味を、その後も時折考えてしまうという。

九十九、ゴールデン・レトリバー

地方紙で記者をしているTさんから聞いた話である。

十年ほど前、中学一年生の男子生徒が暴走車に撥ねられて亡くなる事故があったという。

葬儀の日、遺族である両親は、悲しみに満ちた表情だったが、それでも気丈に振舞っていた。クラスの人気者だったとのことで、参列した生徒たちは声をあげて泣いている。それを見守る教師や保護者たちも皆涙に暮れ、痛ましい葬儀だったそうだ。

翌日の社会面にはTさんが撮った葬儀の写真が掲載されたが、撮影した数枚に、妙なものが写りこんでいたという。

「犬が並んでいたんです。参列者のなかにですよ」

写真を見るかぎり、かなりの大型犬でゴールデン・レトリバーのようだった。

もしそうであれば盲導犬なのだろうと思ったが、いくら思い出してみても、あの葬儀の席で犬を見かけた記憶がない。参列者のなかに視覚障がいのひとがいたのだろうかとも考えたが、犬の前後にはどう見ても中学生しか写っていなかった。

不思議でならなかったが、新聞に掲載するのに犬が写っていたら不自然とあって、写っていないものを使ったそうである。

それから二年ほど経った頃、ひょんなことから亡くなった男子生徒の父親と知り合い、葬儀の記事を書いたのは自分であることを告げた。

「ああ、さようでしたか。あなたとこうして知り合ったのも、もしかしたらあの子が繋いでくれた縁かもしれませんねぇ」

そう父親はいった。

そのとき、写真のことを思い出したが、悲しみを乗り越えつつあるひとに葬儀の日のことを訊くのも失礼だろうと思った。が、同時に、そうしなければならないのだという、なにか強い使命感のようなものに駆られ、気づいたときには口にしてしまっていた。

「葬儀の日に撮った写真に犬が写っていたんです。あの日、参列者のなかに犬を連れたひとはおりませんでしたか」

そう尋ねると、そのような方はいませんでしたよ、と思案気に父親はいった。

すると、その写真を見てみたいという。

翌日、喫茶店で待ち合わせをして、デスクに保管していた写真を見せたところ、

「昔、家で飼っていたゴールデン・レトリバーだというんです。躯付きからしても絶対に間違いないと。そういうのって飼い主はわかるものじゃないですか。でも不思議なのは、

とっくに老衰で亡くなってしまっているというんですよ」

息子さんが十歳のとき、その小さな腕のなかで犬は息絶えたのだという。

生まれたときから片時も離れることなく、あたかも兄弟のように育ったので、そのときは学校も数日休んでしまうほど、ひどく落ち込んでしまったそうだ。

数年掛けてようやく心の傷が癒え、以前のように元気を取り戻した矢先、事故に遭って亡くなってしまったのだという。

いにしえからの作法に則り、九十九話にて完とする。

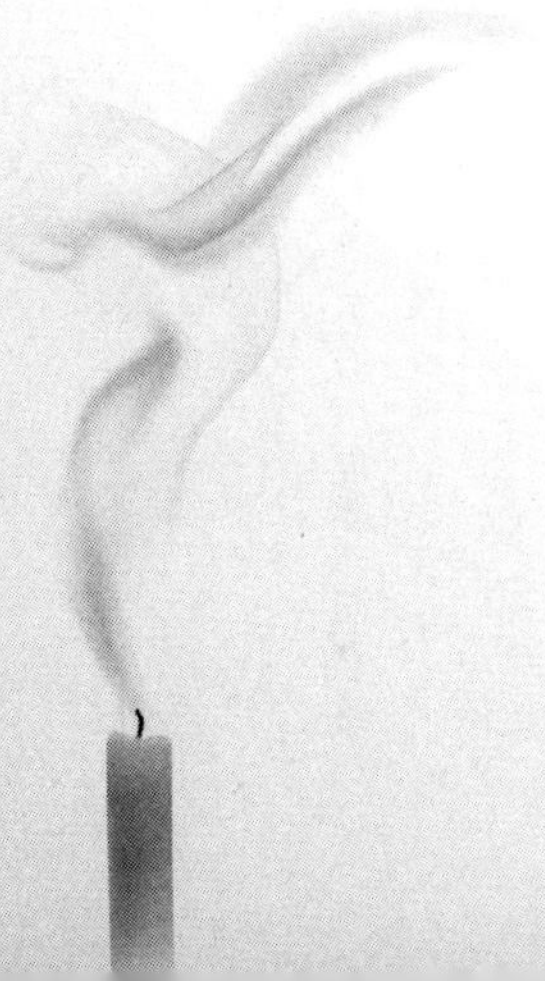

あとがき　――本物の手触りを求めて――

この度は『奇譚百物語　拾骨』をお手にとっていただき、誠にありがとうございます。

本著は二〇一七年一月刊行の『実話怪談　奇譚百物語』の続篇となり、同年八月刊行の『恐怖実話　奇想怪談』とはまた趣を異にする短めの話を纏めた怪談奇譚集となります。

百物語は、円座になったひとたちが一夜のうちに不思議な話や怖い話を順繰りに語っていくもので、最後の話を終えたときに妖しいことが起きるといわれています。これを頁数の決まった一冊のなかでやるということは、自ずと一話が短くなりますから、「物足りない」「その先が知りたいのに」と思われる方もいらっしゃるかもしれません。

もっとも、それは当然の反応で、語られる話が尻切れ蜻蛉であったり、オチが明確でなかったりすると、読後のカタルシスが得られないことは、まま事実です。

しかし、それは一般小説の場合で、怪談実話のようなノンフィクショナル・フィクションに関しては、真実味がなによりも重要ですから、余分なものを排したショート・ストーリーのほうがより適しているように思います。

もちろん長篇の実話があってもいいのですが、本人の体験やルポルタージュのようなものならまだしも、著者が自分の眼で見ていないものをあれこれ書くわけですから、人物造形や心理描写、ストーリー展開など、自然と創作っぽさが出てしまうことになり、結果、小説でも実話でもない、ドラマのあらすじに似たものになってしまいます。実際の現実社会では、ご都合主義や予定調和、あるいは因果応報のようなことは殆どありませんが、書籍のなかではよく起きているようです。

「読み物として面白ければいいのだ」「聞いたことのない話を読みたい」という声もよく耳目に触れますが、個人的な考えとしては否定的で、そういったものを追い求めたり甘受したりすることは、作家側の創作性を強めることになりますので、ジャンルや業界の衰退に繋がるものと強く危惧しています。やはり実話を謳っている以上、どんなに突飛な現象を綴ったものでも、もしかしたら本当に起きたことなのかもしれない、と読者の皆様に思っていただけなければ、著者の負けなのだろうと、そんなふうに考えております。

こうした書き物は一読後、読み捨てされてしまうことが多いようですが、長くお手元に置いていただき、折に触れて読み返してもらえる一冊になることを願ってやみません。

二〇一八年如月に　　丸山政也

奇譚百物語 拾骨

2018年4月5日 初版第1刷発行

著者 丸山政也
デザイン 橋元浩明(sowhat.Inc.)
企画・編集 中西如(Studio DARA)
発行人 後藤明信
発行所 株式会社 竹書房
〒102-0072 東京都千代田区飯田橋2-7-3
電話03(3264)1576(代表)
電話03(3234)6208(編集)
http://www.takeshobo.co.jp
印刷所 中央精版印刷株式会社

定価はカバーに表示しています。
落丁・乱丁本の場合は竹書房までお問い合わせください。

ISBN978-4-8019-1410-0 C0176